岡野弘彦百首

OKANO HIROHIKO SELECTION

沢口芙美編

Fumi Sawaguchi

本阿弥書店

平成11年9月 自宅にて　　（撮影・相澤 實）

岡野弘彦百首＊目次

『冬の家族』

『滄浪歌』

『海のまほろば』

『天の鶴群』

『美しく愛しき日本』

装幀　片岡忠彦

岡野弘彦百首

凡例

一、本書は岡野弘彦の八歌集の短歌作品の中から百首を選び、それぞれ解説と鑑賞を加えたものである。

一、本書に収載した短歌作品は第一歌集『冬の家族』以下、『滄浪歌』、『海のまほろば』、『天の鶴群』、『飛天』、『異類界消息』、『バグダッド燃ゆ』、『美しく愛しき日本』の初版本より選び、歌の表記は原歌集に拠っている。

一、仮名遣いについては短歌作品は歴史的仮名遣いを用いたが、本文は新字体新仮名遣いとし、引用文の仮名遣いは原典に従った。

岡野弘彦百首

ひたぶるに人を恋ほしみし日の夕べ萩ひとむらに火を放ちゆく

『冬の家族』

一日中、ひたすら人を恋しく思っていた日の夕方、悶々とする自分の気持に決着をつけるように、一叢の萩に火を付けていった。

歌を解釈すればこうなるが、わざわざ解釈するまでもない、解りやすい歌である。一日中、人を恋しく思っていたという上の句、しかも「ひたぶる」と初句の強調から、悶々と悩む自分のふがいなさに決着をつけるような、「火を放つ」という行為の激しさ。美しく整っているが、激しい情念の籠もった歌である。

岡野弘彦の第一歌集『冬の家族』の巻頭歌である。言わば公的に歌人宣言をした歌である。勿論、歌集上梓以前の二十年ほどの習作期があり、この歌より前に作られた歌も、多くこの歌集に収められているが、この歌を巻頭歌に据えたのはそれなりの自信があったからであろうし、この後の五十年に亘る歌人活動にいくつかのテーマを抱えながら、最終的に美を追い求める情念の歌人としての岡野の先行きを暗示してもいる。

ひと夏のわれの憂ひの眼のやりど萩ひとむらを焼きつくすなり

かがやきて燃ゆるほむらのしづまれば心のありど定めなむとす

巻頭歌に続く二首であり、三首連作になっている。ひと夏中、憂鬱な気分になると萩叢を見たものだが、それを焼いてしまう、と言うのはその憂いにけじめを付けようとする思いであり、次の歌では、焼き尽くした萩叢を見て自分の心の在り方を定めようとする。迷いと決着との心の揺らぎを萩叢を焼く行為によって表現している。

萩の花の名歌は多い。「萩の花くれぐれまでもありつるが月いでて見るになきがはかなさ」（源実朝）など幾首も思い出されるが、岡野の歌もこれらに匹敵し、特に結句の激しさが印象に残る。

（沢口芙美）

うなじ清き少女ときたり仰ぐなり阿修羅の像の若きまなざし

『冬の家族』

『冬の家族』巻頭の一連、「悲しき父」の四首目に置かれた歌。そのうなじが清らかで美しい少女と一緒に興福寺までやってきた。そして今、うっとりと二人で見上げている。仏法の戦闘神である阿修羅の像、その少年のような若く浄い怒りの眼ざしの表情を。

この後には「憂ひより青く澄みくる眼を瞻《も》ればあきらめがたしわが若さ過ぐ」が置かれ、その青き目と若き眼ざしとが重なって官能的な恋の気分を助長する。また「かかる日々」では「清くして十年保ちし心すら崩《く》えむとすなりわが若さ過ぐ」と心情が吐露される。恋の歌人を自負する岡野が未練引きずりつつ青春の終焉を実感する歌が掲出歌だと私は捉えたい。「清し」は岡野のキーワードで穢れを知らぬ無心で本能的な美しさを表し、理想とする憧憬の対象に用いられる。「悲しき父」には「草の上に子は清くして遊ぶゆゑ地蔵和讃をわれは思へり」が、第二歌集『滄浪歌』には次の歌がある。

戦ひの後ひたすらに思ひしは庭清き家まぼろしの妻

散りぢりに家族さすらひゆくさまをもつとも清きまぼろしに持つ

父に反対され陸軍特別操縦士官への志願を諦めた岡野は戦死した友たちへの贖罪意識、その屈折した思いの対極に「清き」を幻想するが、それは現実ではあり得ない。阿修羅の眼ざしは若さや清さの象徴であると同時に戦友たちの眼ざしとも重なるはずだ。彼らの魂を鎮めるために必要な清さ、それを得たいとの思いで見上げている。

折口信夫は昭和二十七年に東京で興福寺展があった時、「浄きまなじり」という題で阿修羅のことを話した（『花幾年』）。それは「（仏教伝来後に偶像化された）阿修羅像のあの浄き怒りのまなじり」には日本古来の神の姿がにじみ出ているというものだった。そして岡野は折口がそこに戦死した折口春洋の面影を見ていたと推測する。

（棗　隆）

やはらかき羽交《はがひ》にうなじさしかはし夜を眠るなり二羽の白鳥《しらとり》

『冬の家族』

現代語に置き換えてみると「やわらかい羽の間にうなじをさしかわして夜を眠るのだ、二羽の白鳥は。」となる。そういう光景を見たという歌だが、これを一首だけで見ても、何か作者の強い思いが感じられる。そして歌集の中で読めば、偶然の嘱目の歌などでないことがわかる。前後の二首を掲げよう。

ひそかなる惑ひの時と思ふにはあまりに愛《かな》し汝《なれ》は稚き

白鳥の水に浮きつつ眠れるを最後《いやはて》に見て別れなむとす

一見して、中年の男の、若い女性との恋が歌われている。一連の「悲しき父」三十一首中の十七首は恋の歌である。本書では十二ページ「ひたぶるに」と十四ページ「うなじ清き」も取り上げている。第一歌集冒頭の一連の恋の歌は、岡野短歌に触れた者を強く魅きつけてきた。
「悲しき父」の後半は、家族の方に目が向いてゆくが、次の一連「白き耳」は、この恋が終わったことを暗示させる歌で始まる。なお、岡野には、本書では取り上げないが終戦後の無頼の日々に会った女を歌った歌がある。岡野にとって恋、愛、性はついに美であったかと考えさせる一首である。

あたらしく得し恋をわれに聞かせつつ海よりも暗き瞳してゐる
わがためにひたぶるなりし女ありき髪うつくしく夜はにみだれき

こういう歌に対し、鑑賞を試みるとき、岡野語彙である「歌虚言《うたそらごと》」という言葉が目前にたち現れる。岡野の恋は、歌に、歌の言葉に力を与える仕掛けなのではないかとも思える。また逆に大和歌の恋の伝統にさらに我が歌を重ねてゆく営みなのかもしれない。
掲出歌は、歌としては一つの様式に至っていて、生身ではない恋の成就が示唆されているとみるのだが、如何だろうか。

（上條雅通）

父母のあらそふ夜半に起きいでて簞笥の環《くわん》を子は鳴らしをり

『冬の家族』

幼い子供が眠い目をこすりながら夜更けに起きてみると、父と母がなにごとか言い諍いをしている。子が起きたのにも拘わらず言い諍いは一向に止むけはいがない。堪えきれずに子は簞笥の引き出しの金具を叩き、泣きながら父と母にやめてやめてと訴えている。

戦後の混乱期を経て漸く世の中に安定の兆しが見えてきたが、依然として国も人々の生活も苦しく、経済的にも恵まれていない時代であった。とくに日々の生活の貧困は切実な問題であったろう。この様な時代背景のなかで、子供を育て家族を養う暮らしは並大抵のことではなかった。みずからの幼いころの経験と、妻子を得たのち書かれた歌が如実に物語っていよう。

ちちははが争ふ夜の息づまる闇に眼をひらき耐へてゐたりし
『飛天』

子は病みて貧しかりければあひ寄りて清き家族の域を守りき
『海のまほらば』

夢の中に子の手を引きてあゆみくるいまだ若くして貧しかりし妻

おそらく当時の子供たちの多くはこうした家庭内の諍いを余儀なくされたに違いない。その原因が全て貧しさから出たものと言い切れないが、少なくともその一端であることも否定できない。いま我々は改めて戦後の風景を思い起こし、後の世の教訓とすべきであろう。

こうした人々の苦しみを歌は勿論、文芸を問わず記録し後世に伝えることが最も大切な使命とも言えよう。つまり現在のように生まれながらにして、物の豊かな時代でなかったことを、遺言のひとつとして書き残さなければならない。

（三本松幸紀）

草の上に子は清くして遊ぶゆゑ地蔵和讃をわれは思へり

『冬の家族』

『冬の家族』の巻頭連作「悲しき父」三十一首を締め括るような歌である。草原で屈託なく遊び続ける子どもたち、その姿はまことに清らである。それゆえに、見ている私の心の中には地蔵和讃の唱え声が立ち上がってくる、というのである。

身近で親しみのあるお地蔵さまではあるが、「地蔵和讃」の内容は暗くて悲しい。十歳にも満たずに亡くなった子どもたちが父母恋しと泣きながら賽の河原で石を積み続け、鬼の責め苦を受ける。その子らに慈悲を、亡き子とあの世で再会を、とすがるのが「地蔵和讃」である。亡くした子の中には、貧しさゆえに間引かざるを得なかった児も含まれていよう。

それにしても、若い父親の歌として、何と屈託のある歌だろう。表現においても「清くして遊ぶゆゑ」と堅苦しくくぐもっている。

この歌集のころの岡野には、幼い二人の男児がいて、「後になって考えてみると、冷やりとするほど、生きることに苦しんでいた時期だった。」という。（『花幾年』）交通事故に遭って大きな手術をしたり、重い炎症を起こしたりと、命の危急にさらされることが相次いだのである。そうして育てた我が子は、若い貧しさの中で確かな幸福の実感だったともいう。

また、この歌集の後半には、子を育て得なかった貧しい夫婦の嘆きをテーマにした作品もあり、以後の歌集にも顔を覗かせる。

すこやかに生れ出づべくありし子を死なしめにけり貧しさのゆゑ　「氷雨」

雨垂れのしづくに濡れてたたずめる目も鼻もなきわれの密《みそ》か児《ご》　『海のまほろば』

この若き父親の悲しみや苦しみは、子を亡くし「地蔵和讃」を唱えるしかなかった世の多くの父母の思いと重なるのである。

（小宮山久子）

きつね妻子《づま》をおきて去る物語歳かはる夜に聞けば身にしむ

『冬の家族』

狐との異類婚の話は『日本霊異記』「狐を妻《め》として子を生ましむる縁《ことのもと》第二」などにみられるが、表題作の一首前に、

眼の冴えて眠らぬ子らに病む妻が安倍の保名の話してをり

の作があり、上句のきつね妻は保名ゆかりの狐であることが解る。『広辞苑』の「信太妻《しのだづま》」「葛の葉」の項をみると、和泉国信太の森の白狐が安倍保名と結婚し一子をもうけたが、正体が知れて「恋しくば尋ね来て見よ和泉なる信太の森のうらみ葛の葉」の歌を残して古巣に帰った、とある。(因みに、その子が陰陽師の安倍晴明であり、その異能は狐の血によるものだという伝説もある。)人と結ばれながら人外の者であるゆえに愛し子を置いて去った狐の物語は、そ

れだけでも充分身にしみてくる。

しかもそれは、歳かわる夜のことである。歳晩の夜は、稀客《まれびと》として歳神様が来訪する特別の夜である。異界からの来訪者との遭遇の夜に、人外界のきつね妻との別離の話を聞いているという、この特殊な取り合わせによって、常よりも心の鋭くなっている岡野には、よりしみじみと心にしみてくるものがあったのではないだろうか。

いま一つ岡野の心を鋭くした因は、表題作の数首前に置かれた、

帰るべき実家《いへ》もたぬ故のなげかひをいささかひののち妻がいひ出づ

この歌にもあったろう。その昔、嫁に入るということは、異郷からのことが多く、異類婚ほどではないが、異文化との交流の要素があったのではなかろうか。葛の葉は古巣に帰った。しかし帰るべき実家《いへ》がない嫁は、残るしかなかった。去るも哀れ、残るも哀れ、であったろう。妻のなげき、その後のきつね妻の話、まして歳かわる夜のことである。

（桑山則子）

月冴えてほむらだちくるあぢさゐの花むらふかく入りて眠らむ

『冬の家族』

月が冴える。満月か、ぎらりと光る弓張月か。その月光を受けて、昼よりも一段と濃く紫陽花の青や紫の花毬がもえあがる。ああ、いまこの花に分け入って深く眠りたい、眠ろうよ、と歌う。

眼前の景色は現実でありながら、どこか幻想性を帯び、妖しさも感じさせる。それは、一首の響きからくるのか。初句の「月冴えて」と夕行、サ行のきびきびした語感から、第二句の「ほむらだちくる」へと、何か徒《ただ》ならぬものが燃え上がる気配を伝える。第三、第四句で「あぢさゐの花むらふかく」と流麗な韻律にのせ、第五句の「入りて眠らむ」へと続けて願望や憧れを際立たせる。「ほむら、花むら、眠らむ」の、ハ行、ナ行、マ行、ラ行の響きが、やわらかくゆたかに重なる。そして結句の「入りて眠らむ」の七音が、三、四音であるのも落ち着きを与え、全体を引き締めている。さらに、表記を見るとひらがなが多く、漢字も「月、冴、花、入、眠」と美しい世界を映しだしている。

この「あぢさゐのあを」十首中の一首目は、

子を置きていでたる妻の帰りくる時を待つなり梅雨ふかき家

と戦後二十年の家族間の齟齬を率直に歌い出し、七首目には、

友らみな身を焼く願ひもちゐしが遂げず過ぎにきたたかひの日に

と戦中派の戦後の心情を吐露する。そうした一連の最後の紫陽花の歌。花の青は、月光に燃え立ちくるめきながら、なお、冴え冴えと、あるいは、熱をもつことなく冷え冷えとして、作者の心を落ち着かせていく。「眠らむ」と歌ったのは、心を鎮めてくれると知っているからだ。岡野弘彦四十代前半の第一歌集『冬の家族』の、妖美で艶麗な世界の一首である。

（秋山佐和子）

論理するどく行動きびしき学生の父の多くは戦ひに死す

『冬の家族』

この歌の鑑賞する上で、最も大切なのは「きびしき」であろう。論理が「するどく」は外へ向かって働く力であるから、すぐに理解出来る。だが「きびしき」の力は単純ではない。内なる心と行動の間に偽りや妥協を介在させていないかを厳視するところがあって生じていることを知らねばならない。また知らしめる詞である。これがさらに論理を「するどく」するので、二言語の緊密な響き合いが「戦ひに死す」と言う「根拠」を厳然たるものになしている。ここに岡野弘彦の人間性とそこから生ずる詩魂が見える。

この学生らの生きたのは、六十年代安保闘争か七十年代か。「戦ひに死す」から考え、六十年代だと思う。何故なら、七十年だと戦後二、三年経ってその学生らは誕生したことになる。私は、六十年に岡野弘彦が教鞭をとる國學院に入学した。その経験から云うと、周りに戦争遺児者は、同じ「短歌会」に属していた岸上大作しか知らない。考えれば進学率の低かった時代に戦争遺児の進学は相当に困難であった。ただ、戦争遺児を沢山友に持ち知り尽くしている者ばかりであった。そういう時代を背景としての「父の多くは」だと私は考える。この一首は『冬の家族』の「しひたぐるまじ」のものであり、六十年以降の学園紛争を詠んだものである。すると良く耳にする様に岸上大作を詠んだものとは云えない。多くはとも云っている。然し、この多くの中に時代は少しずれるが入っている事はあながち否定は出来ない。

　生き残りたる我ら世代の逡巡をするどく責むる言葉に耐へをり
　学生総会終りて帰る夜学生のなかのひとりが苦しくしはぶく

岸上が自殺した翌春に、私はひとりで墓参した。岡野先生に直ぐ「どうだった」と聞かれた。「ただただ街道です」と答えた。「柳田國男の故郷だからね……」と岡野は意味深に云った。

（中井昌一）

魂は何方《いづへ》にゆきてしづまるや泊瀬《はつせ》のやまの峡くらく見ゆ

『冬の家族』

低い山並みに囲まれた大和盆地に住んでいた古代人は、死者をそれぞれの村にほど近い山峡に埋葬し、その魂はその山襞や谷底近くに鎮まっていると考えていた。「泊瀬《はつせ》」も古代は死者の魂の寄り集まって鎮まる聖なる場所である。万葉集の挽歌にも歌がある。「隠口《こもりく》の泊瀬の山に霞立ち棚引く雲は妹にかもあらむ」「狂言《たはこと》か逆言《およづれこと》か隠口の泊瀬山に廬せりといふ」（巻第七　挽歌）自分たちの生活圏の地続きのしかし簡単には辿り着けない山峡の奥深くに、亡くなった身近な人の魂が先祖の魂と一緒にいると信じて暮らすのはきっと心安らぐことにちがいない。しかし、古代人とちがって岡野弘彦自身は現代の、しかも辛い戦争を経験した者である。死者の魂のあり方をそう単純には思えないし簡単に鎮まるわけがないという深い悔しみの思いがある。それが「何方《いづへ》にゆきてしづまるや」という言葉に出ている。

この作品は「大和いづかた」五十首の最後に置かれている。一連は女人高野室生寺の塔を詠むことからはじまり、作者の戦後の放浪の日の一端を語り、契沖へと思いを進めていく。今現在の大和を詠いながら、心はふっと古代へ飛翔していく。岡野弘彦の独自な世界として深められていくことになる系列の初めの作品群がここにある。

この文章を書いていて気付いたことであるが、現在では「初瀬」と表記する長谷寺のあるあたりの地名を、ここでは万葉集の古い写本に従って「泊瀬」と書き表している。古代とのつながりを考えた上での用字だと思う。次は「はつせ」を使い分けしている歌である。

隠國の泊瀬の山に夕鳥のさやぐを聞きて人を忘れむ

『海のまほろば』

初瀬路の春の恋ほしさ現し身に逢ふすべもなき人歩みゆく

（工藤こずゑ）

執深《しふ》く生きよと我にのらせしは息とだえます三日前のこと

『冬の家族』

品川区大井出石町の折口信夫の家に、國學院大學国文科の学生だった岡野弘彦が入ったのは、一年後に卒業を控えた一九四七年四月のことで、折口が没するまでの約六年半、生活を共にすることになる。一八八七（明治二十）年生まれの折口と、一九二四（大正十三）年生まれの岡野との年齢差は、三十七歳である。各地で開かれる折口の講演に同行したり、硫黄島で戦死した養子春洋も建築に関わった箱根山荘「叢隠居」に滞在したりする機会が何度かあった。

一九五三年七月四日から山荘で過ごしていた折口の病状の悪化を気遣い、下山を勧める岡野の焦燥が、八月二十七日の日付を伴う詞書「……暁に至るまで、許したまはず」に表れている。「痩せ痩せて面わきびしくいます師にこの強《し》ひ言《ごと》を申さむとする」歌に続けて、「むごきこと我にしふるとのらせしが再びは眼をひらきたまはず」と、青年に背負わされた苦しい胸中を詠んだ。

折口は八月二十九日に、角川源義の大型の外車に、比較的楽な姿勢で横たわって東京に戻った。慶応病院に入院したのは三十一日で、九月三日に六十六歳の生涯を閉じた。

掲出歌は、一九六七年十月発行の第一歌集『冬の家族』に収められている。一読してよく分かる歌だが、「執深く生きよ」の何と重たく強いことか。折口信夫から、二十八歳になった岡野弘彦への遺言であると共に餞の言葉ではなかったのか。必死に訴えたであろう末期の目が見える。この言葉が岡野を支え、歩むべき道を決定づけたものと思われる。言葉が有する霊力と、同時に怖さを覚える。

この歌集のあとがきに、「物事に執着する心の淡い私が、先生についてから七年経て、示しはじめた歌に対する執意を……認めてくださった……」と記す。宿命的に出会った師との別れであった。

（平田利栄）

文字淡く手帖のうへに残りたり茂吉を悼む雪しろの歌

『冬の家族』

沼空の残した手帖に、茂吉の死を悼んで詠まれた「雪しろの歌」が記されていた。筆圧の衰えを感じさせる淡い文字で書かれた師の歌を、沼空没後の深い悲しみの中で、作者岡野弘彦は、手帖を愛しみながら、この歌を書いている沼空の姿を心に甦らせながら、悲しみに耐えて読んでいる。その時の胸の奥から突きあげ湧きくる情動や思念は、とても言葉には尽くせないだろう。けれどこの歌は、そのような自らの心情の揺れを厳しく抑制し、細やかに的確な言葉を選びつつ、残された歌と文字に端座することにより、三句切れと名詞止めの力強い韻律を立ち上がらせている。

掲出歌は、「師の亡き家」六首中の五首目の歌で、一連には「師もまた、この家主と争ふことありき。今にして、そのことのいよよ身に沁む。」の詞書がある。

師のまさぬ家のむなしさ夜ふけてガスのほのほに手を温《ぬく》めをり
「師の亡き家」

執《しふ》深く生きよと我にのらせしは息とだえます三日前のこと

師の亡き後に直面する現実の軋みが、師の在さぬ家の空虚感を顕在させ、深深と寂しい。

雪しろの　はるかに来たる川上を　見つゝ、おもへり。斎藤茂吉
釈　迢空

岡野の掲出歌「雪しろの歌」は、迢空の最晩年の作で、『倭をぐな』掉尾に収められている。『折口信夫の晩年』（中央公論社）によると、昭和二十八年八月十六日、箱根の山荘叢隠居を角川源義と牧田茂がたずねて来た時、車の運転手が山形県の出身であることを聞いて、迢空が書き与えたという。この年の二月に他界した茂吉を偲ぶ迢空。迢空を哀惜し、茂吉と迢空を偲ぶ作者の思いが凝縮している。

（牛山ゆう子）

額《ぬか》の痣あをきほむらとなりて燃ゆる怒りの前に一夜わが坐《ゐ》し

『冬の家族』

第一歌集『冬の家族』所収。岡野弘彦がその師・折口信夫を、能登・羽咋に折口が生前に作らせていた春洋との父子墓に、葬った際の感慨を詠んだ連作「葬りののち」の一首。折口信夫には、『折口信夫の晩年』（以下、『晩年』と略す）によれば、「右の眉根から鼻稜の上端にしたたるような青痣」があり、若き日の折口自身も、「ＩＮＫ」をもじった「靄遠渓」という、自虐的な筆名を用いている。その痣が「あをきほむら」となって燃え立つような激しい怒りに、岡野は一晩向かい合ったのだ。その怒りは、「ひたと眼を見据えて（中略）怒りの深まりとともに、ほんとに燐の火のように燃える」「眼は、怒りが深まれば深まるほど、澄みに澄んで蒼く燃える」もので、「じりじりと、相手の心を焼き尽してしまう（中略）呵責のことば」（ともに『晩年』）を伴っていたという。連作には、「わが老いを蔑《な》みする者のゆくすゑは世にさらばへと怒りたまへり」と、折口が吐いたまるで魔女の呪詛のような言葉が詠みこまれた一首もある。これほどの師の怒りに向き合い、岡野は眼をそらすことなく一晩堪え切ったのだ。昭和二十八年八月、箱根の叢隠居に滞在していた迢空の病が重くなり、見かねた岡野が下山を薦めるが、「このましづかにあらしめよ」と迢空は承知せず、怒る。事態の重大さを思い、岡野は一歩も引かなかった。二十七日夜のことであり、二十八日下山、九月三日に迢空は死去した。

師が額《ぬか》の大きあを痣《あざ》かなしみのほむらとなりて夜はに燃えたつ

ほぼ同じ体験を詠んだと思われる第四歌集『天の鶴群』所収の「廿五年祭」の一首をはじめ、岡野には亡き師を慕う歌が多い。六年半にも及ぶ師との生活はそれだけ強烈な体験だったと言うことができるが、この二首を比べてみて、後の歌からは時間の経過のさびしさを、そして、標記の歌の師に直接対峙する結句に、若さと一途さ、生々しさや、さわやかさを感じる。

（森山良太）

妻を持ち子をなして生くる安けさを思ひはばかる亡き友の前

『冬の家族』

『冬の家族』の「たたかひを憶ふ」十六首中、十二首目の歌。敗戦後に生き残った私は結婚して妻を持ち、やがて子供が生まれて平穏かつ安泰な生活を送っている。しかし戦死した友たちを思うといつもこれでいいのかと気が引けてしまい、忸怩たる思いに苛まれる。

戦後の心理を率直に詠みこんだ歌であるが、第三句「安けさ」はやや安易ではないかと思う。愛知県豊川海軍工廠で一日十二時間の重労働をしていた岡野の元に赤紙が届いたのは、昭和二十年正月早々だった。実家に一晩だけ帰った後、一月六日には大阪で編成された部隊に入隊。数か月後、大阪から茨城へと移動する途中、東京で空襲にあい、市民や戦友を喪う。命じられて大塚付近で屍体等の処理した後、茨城で隊が解散する九月半ばまでの八か月半が軍隊の体験であった。後日、精力的に作品を発表するようになってからの岡野は戦死した友だけでなく、戦争で不幸な死を遂げた人々への鎮魂、精一杯の呼びかけとしての魂の相聞が自分の作歌動機だと語った。それは戦中派岡野の出発点であり、到着地点でもあるはずだ。

この歌では「思ひはばかる」という言葉が眼目である。これは六十年に亘る作歌において現在まで繰り返し詠み継がれた主題だ。

生き残りたる我ら世代の逡巡をするどく責むる言葉に耐へをり
静かなる夜の幻に顕ちきたる面わはすべて若く死にし友
辛くして我が生き得しは彼等より狡猾なりし故にあらじか

『冬の家族』から引いた。「逡巡」「耐へをり」「幻に顕ちきたる面わ」「辛くして我が生き得し」「狡猾なりし故」などの思いは時に自虐的だと評されるが、それこそが岡野の歌い続ける原動力であり、自己弁護かつ自己救済の源泉である。多くの歌人がいる中で執拗に自己を責め続ける執着心は、他の歌人には見られない特色だろう。

（棗　隆）

みことのり聴きし夜山を下《お》りゆきて帰らずなりぬ若き中隊長

『冬の家族』

歌人岡野弘彦の自覚的作歌の出発点というべき「若き中隊長」の中の一首である。生々しくも冷静に事象を記録するごとき「若き中隊長」の一連には次のような歌も並ぶ。

あきらかに彫りたる弁のひとつひとつ鏨《たがね》をあてて潰しゆくなり
わが友の命にかへて守りたる銃を焼くなり戦ひののち

一連の成り立ちについては「あとがき」に詳しい。要所を抄く。

昭和二十八年の四月末のことであった。折口先生につれられて、（中略）川奈ホテルに泊まった。／夕食を終わってのち、暮れる前のひと時を、冴えざえとした緑にかがやくゴルフ場の芝生を見おろしていた。／突然、胸の底からつきあげるように、なまなましい感情が湧きたってきた。八年前に経てきた、戦いの日の記憶である。それも、薄暗い竹藪の中に身をひそめて敗戦の詔勅を聴いてのち、数日の間に経験した、あの目まぐるしい、圧縮せられた日々の記憶である。／言葉がおのずからに連なり、手がみずから動くようにして、手帳に書きとめたのが「若き中隊長」一連の歌であった。

岡野は昭和二十年一月に大阪の橘五十三部隊に応召。茨城県鉾田へ移動中の四月十三日に東京北西部大空襲に遭い、そのまま遺体処理作業に一週間ほど当たった後、鉾田で敗戦を迎えている。

掲出歌の「みことのり」は敗戦の日の昭和天皇の玉音放送。日本の敗戦を知った若い中隊長が、その夜に隊を離れ、そのまま行方知れずになった。「士官学校を出て間もない非常に俊敏でしかも誠実な人柄の中尉の隊長」で、敗戦後のその顔は「深いむなしさを、やっと耐えているといった」変わりようで痛ましかった、と『花幾年』に書かれている。彼のその後は読者が察するところであろう。

（小宮山久子）

辛くして我が生き得しは彼等より狡猾なりし故にあらじか

『冬の家族』

厳しい戦いの中で辛うじて生き残る事ができたのは、死んでいった戦友らよりずるく、悪賢かったからではないだろうか。ここで言う彼等は死ななかった自分に対置する者だから死者と言うことになる。また結句の「か」は否定的な「そうである」の意より強い。「生きたのは」でなくって、「生きることが出来たのは」である。なぜにここまで己を責めなければならないのか。その責めの救済を求めなければならないのか。特に日本の神には。同じ「神を求む」の中には次のような歌を詠んでいる。「安らぎはつひに得がたしただ独り耶蘇教会の門をいで来つ」「いつの日か安らぎは来《こ》む。日本の神々もわれは依るすべのなき」。私は長い間、この強い罪悪感が疑問でならなかった。この疑問についである程度納得出来たのは、「歌壇」に連載された対談であった。そこで、岡野は「最も仲のよかった学友と軍に志願しようと誓いあったが、父に説得されて、しなかった。友は意思を貫き戦死していった。」と語っている。それ以後、これが彼を苛み苦しめつづけたのである。勿論、これのみに原因を限定してしまう訳にはゆかないのだが。

この「神を求む」の中に次の歌がある。「項《うなじ》重く圧しくる声『汝《なれ》の手に人を殺せり清き二十《はたち》に』」「熱き息頬に触るるかと思ふまで近づかしめて射ちはなちたり」。岡野には前線に出て戦った経歴はない。故に「熱き息」の歌は創作と言えよう。また、耶蘇教会の歌や項重くなどは沼空や宮柊二の世界を彷彿させるものがある。

岡野は「伊勢物語」を愛して止まない。「神を求む」も物語体に纏めて創られている。この方法は岡野の歌全体的に言える。連作の一首の独立性を求めた工夫なのである。これらの問題は重く、我々は深く慎重に考えあわなければならないことである。

（中井昌一）

すさまじくひと木の桜ふぶくゆゑ身はひえびえとなりて立ちをり

『滄浪歌』

相聞の気分に満ちた「蒼き魚」の一連に配されたこの桜歌を一読した時、これは桜への憧憬の歌であり、誘かれた魂と残された身という、心魂と身との乖離の歌だ、と思った。

しかしながら、後になって、エッセー集『花幾年』などから昭和二十年四月の巣鴨・大塚の大空襲の四、五日後の茨城県鉾田町の中学校での景であったことがわかった。この時ふりくる桜の下の岡野の身から、軍服や皮膚に沁みこんだ焼死体の屍臭が匂いたつ。

たたかひの炎中《ほなか》の桜。まざまざと見えてすべなし。巣鴨・大塚

『美しく愛しき日本』

幹焦げし桜木の下　つぎつぎに　友のむくろをならべゆきたり

それは、巣鴨・大塚で兵隊や軍馬や市民の屍体の後片づけをした折にしみついた匂いであった。「こののち、断じて桜を美しいなどと思うまい」心ならずも戦いの修羅にひき込まれてしまった二十歳の岡野の精一杯の抵抗の思いであり、桜を呪縛した瞬間であった。

ここで、何故岡野は抵抗し、桜を呪縛してしまったのか、を考えてみたい。その時、ふぶきくる桜は凄絶なまでに美しかったに違いない。四、五日前に燃える桜の惨状を目の辺《まあた》りにした事を忘れさせるほどに。死臭によって我にかえった岡野は「桜は恐ろしい花だ」と思ったのである。すべてを忘れ、美しいと思ってしまったからこその禁忌であり、拒絶であったのではないだろうか。

桜を呪縛した岡野は、また桜によって呪縛されたといえよう。後に山本健吉の言葉によって、その呪縛が解ける時まで。

表題作は、作歌時の事情を知らずに読んでも、桜の凄絶な美しさが伝わってくる作である。死と血の匂いを内に秘めながら、いやそれ故にかえって、桜は妖艶で凄絶なまでに美しいのである。

（桑山則子）

人はみな悲しみの器《うつは》。頭《づ》を垂りて心ただよふ夜の電車に

『滄浪歌』

一日の仕事を終えて、電車で帰宅しようとしている人びと。車内には大勢の疲れた人びとが乗っている。多くの人が静かに頭を垂り、内省する思考の中に漂っているようだ。作者もまた、そのような人びとの中のひとりなのだろう。

三句から結句に至る嘱目の緩やかな具体性が、初句二句の深い洞察を導き、「人はみな」の柔らかく大きな享受と、「悲しみの器」の卓越した隠喩を生んでいる。比喩の修辞が用いられ、その比喩が眼目となる歌は、岡野の作品の中ではめずらしいといえよう。「悲しみの器」の包摂する領域は広く、漂泊する精神性の端緒も感じられる。

この歌は、「蒼き魚」十五首の十四首目の歌。『滄浪歌』には、昭和四十三年

から四十七年に至る作品がほぼ逆年順に収められ、「蒼き魚」は、「文芸春秋」（昭四十七・六）と「地中海」（昭四十六・七）に発表した歌から成る。

この夕べ遠くゐる妻　憎しみは噴きいづる血のごとく鮮《あたら》し
すさまじくひと木の桜ふぶくゆゑ身はひえびえとなりて立ちをり

「蒼き魚」

愛憎の鮮烈な一首目は巻頭歌でもあり、二首目は、混沌と浄化とが同時に、ふぶく桜の形象を表わしているようだ。『滄浪歌』は、作者の四十代後半の集で、大学紛争の激化していた時でもあった。当時の岡野の苦悩については、『現代歌人文庫　岡野弘彦』（国文社）に、詩人の飯島耕一が理解ある解説を寄せている。

この時期に私も学生だったので、岡野先生の『源氏物語』の講義や、「短歌研究会」の歌会のことなどが感慨深く思い出される。

（牛山ゆう子）

悲しきは井光《ゐひか》、土蜘蛛。倭なす神らのごとく聡《さと》くはあらず
『滄浪歌』

二句の井光・土蜘蛛は『日本書紀』巻第三・神日本磐余彦《かむやまといはれびこ》（神武天皇）の項に出てくる名前である。井光については、神武天皇が吉野に至る時「人有りて井の中《うち》より出でたり。光りて尾有り。」とあり、土蜘蛛については「身短《むくろ》くして手足長し。」との記述がある。『古事記』中巻・神武天皇（神倭伊波礼毘古）東征の項では、井氷鹿「尾生《をあ》る人、井より出で来りき。其の井に光有りき。」「尾生る土雲八十建」と土雲も尾が生ると記述されている。

表題作を一読した時、井光も土蜘蛛も、敗れて服さぬ故滅ぼされた族だと思っていたのだが、詳しく見てゆくと両者の運命は若干異なっていた。井光の方は、天皇の汝は誰だとの問いに、国神《くにつかみ》であると答え、吉野首部《よしののおびとら》の始祖となる。

敗れはしたが服《まつろ》うたのである。土蜘蛛の方は、服わず謀殺されてしまう。『古事記』によれば、八十建を饗応するといってそれぞれに八十膳夫《かしはで》（料理人）をつけ、その膳夫にことごとく刀を帯ばせて、歌を合図に、打ち殺させた。因みに、井光（井氷鹿）は一族の名。土蜘蛛（土雲）は幾つかの服さぬ族をこう称している。

後代、日本童男《やまとをぐな》（倭男具那）が熊襲魁師（熊曾建）を女装して謀殺し、日本武尊（倭建命）となる話が出てくるが、倭なす神らは聡く荒ぶる神らであり、血生ぐさい謀殺をためらわない。

帰順するまでの戦いは表に出ず、帰順しない最後は無惨である。敗れた側に思い入れの深い岡野は後々まで、彼らを忘れていない。

わが生れし七月の野の土は燃え尾を持つ神らいでて遊べり

『異類界消息』

この国の暗き古典の襞ふかく、息ひそめ棲む魔《もの》ぞ　恋ほしき

『美しく愛しき日本』

（桑山則子）

杖もちて石打てば石走りいづおもしろきかなわれは酔ひたり

『滄浪歌』

連作「漂へる時」のうちの一首。『古事記』中つ巻に見える応神天皇の故事を材としたものだろう。百済から貢進された酒づくりの技術者、須々許理《すすこり》が酒を醸して天皇に献上した。この酒にすっかり酔った天皇は気分も愉快に、「須々許理が　醸《か》みし御酒《みき》に　われ酔《ゑ》ひにけり　ことなぐし　ゑぐしに　われ酔ひにけり」と歌う。杖で石を打つと石が走り出したという奇譚は、酩酊した天皇が大和国に帰る途次のできごとである。「かく歌ひて幸行《いでま》しし時に、御杖もちて大坂の道中の大石《おほいは》を打ちたまへば、その石走り避《さ》りき。かれ、諺に、『堅石《かたしは》も酔人《ゑひびと》を避《さ》く』といふ」（以上の訓読は『新潮日本古典集成』に拠る）。

掲出歌を含む連作は、神話を題材とした短歌から成っている。右に述べたように、これは『古事記』の神話を詠んだものであり、この一人称「われ」とは、直接的には応神天皇を指している。とはいえ、この歌に普遍性を感じるのは、言い換えれば、神話の単なる翻案に終わっていないのは、下の句に込められた感情のためだろう。

近代短歌が発明した〈われ〉は、作者の声の真なる表出を示す表徴であり、読者はその作者の〈われ〉にみずからの〈われ〉を重ねる。そのようにして、短歌の描出する心象（掲出歌でいえば「おもしろきかなわれは酔ひたり」）を読者も分有する。その分有が可能であるとき、読者は歌にリアルを感じ、歌が分かるのである。

岡野の〈われ〉はこうした近代短歌的な〈われ〉にはとどまらない。実際、掲出歌の「われ」は、応神天皇の声と岡野の声とが不可分に融合したものとなっている。そこに「おもしろきかな」という感情を分有する読み手側の〈われ〉も重層してゆく。この多層的な〈われ〉は岡野短歌の危険な魅力である。

（小長井涼）

つつましく居処《ゐど》をさだめてたのしきか出雲の国の村むらの神

『滄浪歌』

お盆前の帰郷の折り、少し回り道をして、私は出雲を旅した。そして、潜戸を訪うた。頼んだ舟の船頭に「ここ数日は舟を出せなかったが今日は運良く出せます」と言われながら無事に加賀の潜戸をくぐり通った。夏休みが終って、岡野先生に会うと、出雲の旅に同行していた一人の友から話を聞いていたらしく、初めて訪れて潜戸をくぐれた幸運を言いながら、自分は四回めにして初めて実現したと言った。「普段の行いが良いので」と言うと「折口先生は、祟る神の出雲へ行くのには非常に慎重であった。君らの様に能天気な者には、出雲の神も目こぼししたんだよ」と笑って言った。

祟る出雲の神の話は記紀神話には多い。この構図は、乾に当たる出雲に負なる世界を大和が設定したと神話学者には見なすものが多かった。然し、巻向遺跡や荒神谷遺跡等の発掘から見直しが迫られている。これはあくまで古代学の問題で神話の心をどう見るか、特に岡野の虐げられた者に対する強い同情の念には大きな変更の必要はないであろう。

この「つつましく」の歌は、「しいたぐる」もの「しいたぐらるる」ものとの関係には全くと言って良いほどかかわりない歌である。そのような思いをもって読んで欲しい。岡野の理想とする世界を、如何になごんだ心で佇み見ているかが感じてもらえると思う。加えて「つつましく」、特に「さだめて」が大切な言葉であろう。上から圧する神ではない。「さだめる」に人に近い神の自主的振る舞いと共に貴種流離譚神話を彷彿させる。

十数年間、私も出雲の旅を続けた。『出雲風土記』の文庫を手に。小さな社に出会うと、手の本を開く。その小さな社が手の本に記されている。しばらく佇み、思いに浸ったものである。

（中井昌一）

散りぢりに家族さすらひゆくさまをもつとも清きまぼろしに持つ

『滄浪歌』

『滄浪歌』の「子はさすらふ」十一首中、八首目に置かれた歌。敗戦後という時代の中、家族全員が離ればなれになって当てもなくさまよい歩く孤独な姿を、もっとも清らかで美しい幻としてこころに思い描きながら生きている。それは私の漂泊への憧れでもある。

この漂泊への憧憬は敗戦後の個人的な意識を超えて日本の古典にもつながる主題である。岡野は「私のうたの原風景」という特集（俳句とエッセイ・昭六十）に「妻を持ち子を持って、早く死んだ身近な死者たちの後の世を貧しいながらも安穏に生きていることに、いつも切ない苦しさを感じながら、そういう心ばかりを多く歌っていた」と書き、戦後に生き残った苦しさを「心にとりついて離れないまぼろし」と捉え、自分の歌は「過去世の魂たちとの相聞歌」だと記した。しかしエッセイに引用された歌は、次のような表記であった。

　　ちりぢりに家族さらばひゆくさまを最も浄きまぼろしに持つ

ここから恣意的な解釈を書いてみる。「ちりぢり」が平仮名だとその拡散に柔らかな印象が残るのに対し、「散りぢり」には急激な印象が先行する。また「さらばふ」は「雨露にさらされて骨だけとなる」の意なので「さらばひゆく」は致し方なく朽ちていく野ざらしのイメージが優先するのに対し、「さすらひゆく」は自分の意思で漂泊するイメージが強い。さらに「清きまぼろし」は拡散した家族がやがて再会する可能性をも含んだ美しい響きであるのに対し、「浄きまぼろし」は逆に「浄化」され完全に幻に昇華する印象だ。

掲出歌は生き残った苦しさを少しでも和らげるために、せめて幻の中でだけでも一度自分の家族が拡散し、漂泊し、やがて時宜を得たら魂の再会を果たすという理想を描こうとした歌なのではないかと私は思う。それは家族を成せなかった戦死者たちへの魂乞いの謂でもある。

（棗　隆）

あかときの川原の臥し処たましひは草の穂茹《ほわた》となりて飛ぶ　飛ぶ

『滄浪歌』

「草の穂」十一首の一首である。

秋の紀伊半島の旅における嘱目詠であると後の歌でうかがえる。

この一首を松坂弘は『岡野弘彦の歌』（雁書館発行一九九〇年）の中で、野宿をした明け方の川原で起き上がると回りの草から、しきりに穂絮が舞いたち、朝の光の中に次々に飛び立ってゆくのが、それはあたかも魂をもつもののように見えたのであった…と解釈している。妥当な感想であろうと私も、読んで居たと思われる。一方岡野弘彦自身の随筆集『花幾年』の中では、驚くべきこの一首の成り立ちを述べる文章を見るのであった。即ちこの折の熊野の川湯温泉の宿に泊ったのは冬の事で、前の川原には小石の間から、とめどなく湯が湧き出ているのだが、内湯に温まって寝た、肩のあたりが寒く、何度か目がさめた。そのうちいつしか、岡野の体は白々とした川原の石の上に横たわっていた。さらさらと、冷たい水が肩のあたりを洗う。あたり一面は銀色の穂のなびく萱原で、穂のそよぐ間から鈍い色の明け方の空を眺めていると、肉体はいつしか消えはてて、魂だけがゆらゆらと川湯の湯気が立ちのぼるように、草の穂を離れた綿毛のようにただよってゆくのが感じられた。つまり夢か幻想の話であり、松坂弘の現実体験としての感想とは離れている。

この一首に私がはじめて出会ってから、すでに三十余年が過ぎた。よく岡野は、その頃〝とぶ夢〟を見ることを話された。男性の若さの象徴として。私は結句の「飛ぶ　飛ぶ」の一字あけが、とても新鮮で、音楽的なリズムが生きていると思われた。「草の穂《ほ》茄《わた》」の捉え方も音符のようだと、今も感じている。

元来、松坂弘の現実的思考に対して、岡野弘彦の夢想的思考がその頃私には限りなく示唆的であった。

（岸上　展）

あまりにもしづけき神ぞ血ぬられし手もて贖《つぐな》ふすべををしへよ

『滄浪歌』

昭和二十年秋に伊勢・熊野を漂泊した際の歌である。伊勢神宮であるから、この神は天照大御神だと考えるのがまっとうだろうが果たしてそうなのか。その神に「あまりにも」とまず語りかける姿勢に、そこまで沈黙して何もしないとは、ひどいではないか、という憤りが感じられる。「戦の後の荒涼に耐えがたく」、何かに迫られて出た旅をするうちに、この憤りは償うべくもない罪を償う方法を教えてくれと強く神に迫る心の動きへと導かれる。

友という言葉はこの歌にはない。しかし贖いを求める裏には戦で亡くなった友への強い罪悪感がある。

「血ぬられし」とはどういうことか。それは戦に従事した人間がたどらなければならなかった運命を象徴的かつ実際的に表す言葉だろうか。あるいは辞世の和歌を詠んで腹を切った日本史の数々の武士を表しているのだろうか。在るかないか分からない自分の心の潔白（源氏物語全講会第一八七回）を辞世の歌としていつも胸に秘めていた武士たちの、日本史の中の運命的死を表すものなのだろうか。

伊勢神宮の旅を契機に詠まれた歌であることを知らずにこの歌を最初に読んだ時、自らの信仰と米国での生活から、「血ぬられし手」を釘打たれたキリストの手と読んだ。この歌が詠まれて約半世紀を経、以下のような歌が歌われている。

かくむごき戦《いくさ》を許し　しらじらと　天にましします　神は何者

『バグダッド燃ゆ』

「あまりにもしづけき」と「しらじらと」と大胆に歌う姿勢にむしろ作者と神との近い魂の交わりをしている心のありようがあるようにも思える。

（セランド修子）

餅花のすがしき土間におりたてる睦月の母の声徹るなり　『滄浪歌』

清涼なうちにも華やぎのある新年の故郷の家に帰り着いた。餅花がすがしく飾られた土間にそそくさと母が降りたち、作者を出迎えてくれた。「お帰り」と弾んだ声がまっすぐに作者に届く。

帰省した作者と待ちわびていた母親との再会の一瞬が鮮やかに切り取られている。「餅花」「すがしき」「睦月の母」「声徹る」などから清新な気分と、母の喜びと、受け止める作者の思いまでもが伝わってくる。作者全歌集の「母歌」の中でも秀逸と思うのは、他の「母歌」のもつ幻像感がなく鮮明だからではないだろうか。

眼の弱き母をともなひて帰りきつ夕べ燈ともす峡ふかき家　『冬の家族』

秋草の花咲く道に別れしがとぼとぼと母は帰りゆくなり

「眼の弱き」「とぼとぼと」は老いゆく母の「実像」であろうが、どことなくまぼろしのようでもある。幼時に育てられた祖母の印象が実母と重なるのではないだろうか。「餅花」の歌からは若々しい母像が顕ち上がる。実像はこちらに近いのではないだろうか。

ところで「餅花」の歌が入る「照葉樹林の春」の前段「海のまぼろし」四十三首詠には、敗戦の秋に伊勢・熊野を漂泊した時と同じ道を、二十五年後に学生達と歩いた時の思いを語る詞書があり、叙景と神話の神々が溶け合う幻想の歌世界が展開される。掉尾は、〈那智のやま青岸渡寺のたそがれに盲《めしひ》となりて逢ふはわが母〉であり、ここでは歌びとが「盲」なのである。盲となった歌びとが「照葉樹林」を通って故郷に帰り着く、と読み継ぐ時、母との再会は幻想的な物語の終末である。歌びとの耳に母の声はひときわ澄んで響くのだ。実景と幻想の不分明が作者の歌の大きな魅力である。

（忍足ユミ）

これの世にわがまだ知らぬ親ありて野を漂泊《さすら》ふと思ふ夕ぐれ

『滄浪歌』

「この世には私の知らない親があって野をさすらっていると思う夕ぐれである。」というところか。「…と思わせるまで寂しい夕ぐれである。」と解釈した方が、単なるアイデアを脱して、より良い鑑賞かもしれない。

馬場あき子の鬼、前登志夫の死者、そして岡野の神、などと言われ、土俗派と呼ばれたが、ちょうど同じ時期にそれぞれの追求したものがそれぞれに結実したまでのことであろう。ただ、時代が求めていたものとして現れたと言える。そして、単に歌を作る感性や技量だけでなく、伝統についての知識や思索、そして作品構成力などが三者にはあった。

私には、いったん読みはじめてやめられなくなった歌集が二冊ある。一冊が前の『縄文紀』そして、もう一冊が岡野の『滄浪歌』である。『冬の家族』と『海のまほろば』の間で『滄浪歌』が目立っているということではないが、日常経験の一首の次の歌に神や死者が立っていたりする。短歌定型が世界――現実、幻想、虚構を含めて――を引込もうとする力を感じる。

目で見える現実の世界の向こう、あるいは裏に、近代的な生活から排除された心的世界がある。日本人の基層文化に根ざすものだろう。そこには、現実の親以外のオヤがいるかもしれないし、コドモがいるかもしれない。このオヤは、営々と村に生きついできたいわば柳田的常民ではなく、行き倒れ覚悟の漂泊の旅を続ける折口的マレビトであった。

そういう世界を身の内に持つことにより、表面的な合理性に貫かれた現代の社会や生活を批判的に見ることができるのだろう。都会の夕暮れ時、男は大きな時空に遊んでいるかもしれない。

（上條雅通）

死の床の臨終《いまは》の息につぶやけり一途の声のなむあみだぶつ

『滄浪歌』

臨終の床の、絶えだえの息に混じって何か呟く声が聞こえてくる。その声は聴き取れないほどではあるが「なむあみだぶつ」と唱え続けているようだ。

誰が、という主語はないが、「杳《とほ》きふるさと」の一連には次のような歌が並び、祖母の臨終の場と読み取ることができる。

嫁ぎたる家のおきてに従ひて秘めこし祈りいひて果てにき

祖母の死を告ぐる使ひのともしびの二つならびて夜の山を越ゆ

言うまでもなく「なむあみだぶつ」は極楽往生を願って阿弥陀如来を恃む念仏である。連作の中で読むと、仏に深く帰依していた祖母が、婚家の生活の中では決して口にしてこなかった祈りの言葉を、今わの際に至って一心に呟きながら息を引き取ったのである。宗教の違う家に嫁いできた女性は、その家に従いながらも心の中に生家の宗教を深く持ち続けている、という古い家刀自の姿が浮かんできて、物語性が濃く漂ってくる。掲出の一首はその中でも、差し迫った息づかいが聞こえてきそうな臨場感がある。

祖母について岡野は「僕のおばあさんは母が五つくらいのころになくなっているんです。さらに母親は十七歳くらいで父親を亡くした。」と、小島ゆかりのインタビューで語っている。（「歌壇」平成二十四年）また、「海彦と山彦」という自伝的小説では、主人公山彦には三人の祖母というべき女性がいたことをこまごまと物語っている。（個人誌「うたげの座」）

虚実ないまぜの方法で連作を成す岡野の作品のひとつとして読むと、掲出歌の「一途の声」は、冥く貧しい農山村の生活の中にあって、生の苦しみや死の怖れを阿弥陀仏にすがる他なかった人々の普遍的な声とも言えるようである。

『冬の家族』からも一首。

信篤かりし母をおもへば幾たびか誘《おび》かれて佇《た》つ弥陀来迎図

（小宮山久子）

またひとり顔なき男あらはれて暗き踊りの輪をひろげゆく

『滄浪歌』

私の故郷のある限られた村落に伝わる盆踊りは「団七踊り」と言う。若い姉妹と男、三人一組になって踊る。妹はくさり鎌を手に、若くはない男「団七」は探し求めて来た、姉妹の父の仇である。

近年たしか無形文化財になっている。この芝居話を仕込んだ物語つきの盆踊りは百五十年は続いていただろう。

先年奥州白石辺りの寺を訪ねた折に、坂戸村の百姓が、取った田の草を放り投げた折、代官団七に当たり、即刻斬殺されたのを、姉妹が武芸の技を磨いて、そして村の人達も、陰に陽に力づけた話は歌舞伎の演目として『宮城野、信夫《しのぶ》物語』となり、日本人の仇討ち好きと相俟って、日本のあちこちに広まって行った事をこの寺の大黒さんに聴かされた。盆踊りはまさしく鎮魂なのである。冒頭の一首は、村落の人達が、余りにも多く戦死して行った事への、救われない魂ゆえの情景を、悲痛に詠んだ、作者の代表作とも言われている歌である。神社の境内や広場に、村落の老若が集まって来て、踊るのである。また一人加わって踊りの輪がだんだん大きくなっている。しかし、男たちの顔は、暗くて、木の枝にさえぎられて見えないぐらいだ。

村の太郎は、南方の島から帰らない。次郎は中国奥地の激戦地へ行って、撃ち抜かれたか？

あのむごい戦いに死んで行った村の若者は、今此処に影くらく、盆の踊りを、音なく踊っている。かんばせを見せることはしないで。

岡野弘彦は、九十三歳の今も、志願して特攻機に乗って去った友への贖罪を負い続けている。

富国と貧困国とは兵器ばかり造り続けている。顔なき男女の民の輪がきりなくひろがりつつある。

（岸上　展）

そが上に身を伏せて我を蹴れといへばすなはち蹴りて後はためらふ

『滄浪歌』

学生運動の場で、暴力に傷つき倒れた学生をかばって身を伏せ、蹴るなら自分を蹴れ、というと、勢いにまかせて一度蹴ったが、そのあとはためらって蹴らなかった。彼も学生の一人なのだ。

掲出歌は、第二歌集『滄浪歌』の「さ蠅なすもの」十五首中の五首目にある。「さ蠅なすもの」とは、腐ったものに群がり騒ぐ五月蠅《さばえ》からきたもの。岡野弘彦は何故このような表題をつけたのか。

一九六〇年から七〇年にかけてベトナム反戦をきっかけに学生運動の嵐が世界中を吹き荒れた。日本国内の国公私立大学でも、大学の自治や大学教育の改革を訴えて大学闘争が勃発した。岡野弘彦が学生部長をつとめる國學院大學も同様だった。一九六九（昭和四十四）年六月二十七日の昼、臨時学生大会を開こうとする自治会主流派および一般学生と、これを阻止しようとする体育会系連合会および右派とが激しく対立し、自治会学生と一般学生は屋上へ追い上げられ階段はバリケードで封鎖された。屋上に籠城する形になった自治会と一般学生千五百人は、数時間後、夏の湿った闇の中で黒服や運動着の屈強な学生に取り囲まれ、殴られ追われ脅かされた。

　自治会を支持する者ら殺すぞと階にひしめき迫りゆく声
　血にまみれ倒れし者にひしめきて飽くこともなく蹴りつづけをり
　逃げまどふ女子学生を追ひつめて肉《しし》むらを打つ重きその音

一般学生の私はクラスの友人らと屋上に追い上げられた一人だった。自治会学生が、棒を持った学生らに引き抜かれそうになるとスクラムを組んで守った。醜く凄惨な暴力から辛うじて逃れた私は階段の踊り場付近で、学生部長岡野弘彦の片手が赤黒い血に染まっているのを目撃した。さ蠅なすものへの激しい怒りと、学生間の対立を悲しみ、身をもって阻もうとして流した血であった。

（秋山佐和子）

ある夜は心潰《つひ》えて独りかへるバリケードのなかの細き迷路を

『滄浪歌』

連日、学生たちと「団交」と称する激しい論争をする中、ある夜半などは人間的な感情が崩れてしまうほどに疲れて、ひとりとぼとぼと帰途についたことだ。大学の中庭に築かれたバリケードの中の迷路のような細い道を辿って。

六十六ページの歌と同じく、岡野弘彦が國學院大學で学生部の仕事をしていた時期のものである。岡野は昭和三十六（一九六一）年ころより十年間程をこの職に携わっている。ことに六〇年代後半、米国のベトナム戦争参戦や第二次日米安全保障条約改定への反対運動に連動して全国に広がった学園闘争の中で、大学改革を求める学生と大学当局とのパイプ役として、学生部長は激務であった。自治会活動を抑制しようとする体育連合会の圧力なども加わり、暴力を伴った対立もしばしばあった。そのような中で、岡野教授はどちらの側の言い分もきちんと聴いてくれる数少ない教官として学生たちの信頼を得ていたし、暴力をもって相手を封じようとする場には、身を挺して分け入っていた。

　掲出歌は、時期的には六十六ページ歌の少し前のものであろうか、（『滄浪歌』は逆年順に構成されている。）曲がりなりにも論争の後の情景である。『冬の家族』にも詠われた大学教員としての歌

　　乱れこし会議の室をいでて立つシュプレヒコールおこる夜の庭

などと共に、時代の空気が伝わってくる。

「学生たちが傷ついたり余計な犠牲を払わないでいけるように、学問と教育の場としての大学を大事にしなければならない。そこへ官憲の手をすぐ導入させたり、あるいは機動隊を導入させたりすることは、絶対に阻止しなければならないと思っていました。」三十五年後の岡野の述懐である。（福島泰樹との対談集『祖国』）

（小宮山久子）

戦ひの後ひたすらに思ひしは庭清き家まぼろしの妻

『滄浪歌』

もしも此の戦争がぶじに終結したら、いまだ見ぬ妻と子供と共に平和で楽しい家庭をもちたいものだ。しかしそれもこれも今は儚い夢に過ぎないけれども、せめて庭のある家に住み、自分のしたい仕事をしよう。だがそれもこれも思い描くことは幻に過ぎない。

こうした憧れにも似た思いを心に抱き、平穏な暮らしを祈るように求めて居たのであろう。しかし現実はそう簡単なものではなく自分の都合のいいように旨くいくことはない。それでも必ずや平和で豊かな時代が来ることを信じ、懸命に生き抜くことを願ったのである。帰還してみると、街には行き場のない多くの人々が溢れ、子供は両親や家を失い浮浪児となりその日暮らしを強いられていた。
過酷な戦場におかれた兵士達はひたすら安寧を願い将来に大きな希望を膨らませ、一条のひかりを頼みとしたのである。それ故に思い描くことは現実には程遠い夢のような家庭であった。

いとけなく遊びし庭も草荒れていぶせきまでに子は育ちたり

『滄浪歌』

散りぢりに家族さすらひゆくさまをもつとも清きまぼろしに持つ

幼い子供たちも大きく育ちそれぞれが独り立ちし、両親の許を離れ新しい生活をはじめたのである。思えばあの貧しく苦しい時代を過ごしてきたが、再び妻との二人暮らしに戻ってしまった。ふと家族のありようを振り返り、例えようのない寂しさを覚えたのである。
思えば自身も父母の許を離れ、生まれ故郷を捨てたのである。そう考えてみると当然の成り行きであり、子は子なりに新しい家庭を持ち、日々の暮らしをたてゆくのが最も自然な姿であろう。

（三本松幸紀）

土のうへに平たくなりて伏してをり命死にたるもののひそけさ

『海のまほろば』

掲題の歌が含まれている「南島　死者の書」では、釈迢空の養子春洋の戦死を悼む一連の歌が歌われている。一部の歌は養父折口の視線から作られている。恩師の悲しみの極みを本人の視点から描いて違和感がないのは、作者の魂の強さと自らの従軍の体験、そして長い熟考があるゆえだろう。

歌は亡くなった仲間の兵士を木陰に据えて日を過ごした春洋の観点から詠まれていると考えてよいのではないか。徹底的に肉体だけを描いた、完全なる魂の不在―。肉体が死ぬ時に命も死ぬ。それまでざわざわとしていた魂もなくなり、後に残されるのは静けさだけだ。この後、魂は怨霊となって生きるものを悩ますだろう。しかし死の直後は静かだ。

一連の歌の中で最も即物的で感情を押し殺したこの歌を読んだ時、何故かいつか見たゴヤの銅版画を思い描いてしまったが、ここに描かれているのは、たった一人の死である。銅版画のように白黒で、暗い世界だ。「土」という具体性と「ひそけさ」という体言止めが一枚の画を見るような効果を生んでいる。命死にたるの「死にたる」と直接的な言葉が選ばれている。

「平たくなりて」という表現が強烈で、効いている。折口信夫の『死者の書』では眠りから覚めた大津皇子が自らの肉体を驚いて見ている箇所がある。―驚いたことに、おのれのからだは、著《き》こんだ着物の下で、腊《ほじし》のやうに、ぺしゃんこになって居た―。

まるで自分が死んで蘇ったことがあるかのように現実性を帯びた描写である。『死者の書』における視点の自在な移動が『海のまほろば』全体に見られるがその中でも掲題の一首は最も俯瞰的だ。

（セランド修子）

み佛は眼とぢていますはるかなる枯野の風の音を聴くごと

『海のまほろば』

静かなほほえみを浮べた半眼の仏像の様子は遠くの枯野を渡る風音を聴いているようだ。

平明な言葉と大人しい韻律が却って鮮明なイメージを結び、それぞれの読者の心の中に、印象深く記憶されている仏像の姿が彷彿とする作品である。「はるかなる枯野の風の音」と詠われると、わたくしは、小高い丘の中腹あたりにその寺があるような気がする。

作者はどこの寺の何仏とも特定して欲しいとはおもっていないだろうが、この作品を冒頭に据えた一連に出てくる建物や地名を辿ると、斑鳩から二上山を右手に見て飛鳥村に下って行く順序になっている。配列順に従えば、「み佛は」

中宮寺の弥勒菩薩像ではないかと推測される。

　春先、斑鳩の辺りは生駒の山々から吹き降ろす風がきついのを思い出す。田畑は眠っているような枯野原で、細い用水路の縁の土には小さな緑が萌え出したところである。枯れきった薄や萱を吹く風の音がかすかに、しかし常に耳に響いている。これは人間がこの地を耕すようになってからずっと変わらぬ風景だろう。

「み佛」は優しい微笑みを浮かべて、その風音に耳を傾けている。こちらも、建立以来幾世代すぎても変わらぬ姿勢である。人の「いのり」のために造られた仏像が、祈る者を見るでなく、静かに風音に耳を澄ましている。神や仏というのは案外そういうものなのかもしれないとわたくしは思う。

　この一首はすべて和語で表されている。岡野弘彦の作品の特徴の一つであるが、特に初期の作品に和語だけという作品が多いように思われる。

（工藤こずゑ）

身はすでに雄《を》のかまいたち嘵々と風にさからふ耳尖《とが》りくる

『海のまほろば』

第三歌集『海のまほろば』所収の連作「曠原疾走」冒頭の一首。雌雄があるかは知らないが、「鎌鼬」はつむじ風に乗って人を切りつける妖怪。「嘵々《りょうりょう》」は音の明るく澄んで鳴り響くさまを言う。寒風を突いて、まるでトランペットの凱歌を高鳴らすように颯爽と荒野を走る自身を鎌鼬に喩えるのは、独特のナルシシズムだろう。それは、すぐ後の「わがあとに息あへぎつつ従《つ》きてこしかの若者もつひに遠ぞく」のもたらす優越感も加わってのものではないか。冷えゆく耳に、その尖りを、さらに「地を蹴りて飛びはぬる髄《すね》うつそ身はすでに獣の性《さが》と化《な》りゐつ」(「海の踊り」)のような獣性の目覚めを感じるのだろうか。また、その獣性は「人触るれば人を斬らむぞわがゆくて蒼あをとして深き朝靄」

(『天の鶴群』)にも通底するかもしれない。いずれにせよ、「好敵手のコスモスチーム。高野公彦　永田和宏　みな若かりき」(『バグダッド燃ゆ』)と詠んだ、自ら古代研究所チームを率いてサッカーをしていた頃の作かもしれない。余談だが、宮柊二も日記でこの試合に触れている。

さて、走るのが好きな岡野だけに、幾度も自身の「りんりんたる」「髄こぶら」を詠み、第七歌集『バグダッド燃ゆ』の「その年で飛ぶはやめなと　朝ごとにわれをいましむ。富戸の媼ら」や「山を越え　野を越え　倦むをしらざりし　鋼《はがね》の脚も　いまややに倦む」に至るまで、さまざまな走る歌がある。そしてそれらは、ある意味、岡野の身体と精神への自持を象徴していたのではないか。それゆえに齢八十を超え、脚を傷めた『バグダッド燃ゆ』以降は、走ることからむしろ率直に、次の二首のような男性性を強調する方向への転換が見られるように思う。

成りなりて　わが現し身の男《を》のはじめ。海の初日をうけて　すくやか
葦牙《あしかび》の萌えあがりくる　男《を》のきざし。命みちくる朝のすがしさ

(森山良太)

ひそまりて暮るる海原あめつちを作りしものの悲しみの湧く

『海のまほろば』

連作「緑の窓」において、「なぎわたる海原とほく陽をうけてひとつ小舟の帆の光る見ゆ」に続けて並べられている一首。広い海に一艘だけ浮かんでいた小舟ももう消えてしまったのだろうか。海はひっそりと夕闇へと没してゆく。二句で切ることにより、暮れゆく海原のもつひそやかな寂しさをたっぷりと読者に伝える。そしてこの歌の主眼は、いうまでもなく、三句目以降にある。海原を見つめている作者のうちに、「あめつちを作りしものの悲しみ」が湧いてきた、すなわち天地の創造主の抱いた「悲しみ」が憑依した。この憑依を少し話題にしてみたい。

掲出歌を含む連作「緑の窓」には、「胸底《むなぞこ》に異形の者を棲《す》ましめて春さむき日の風に渇《かわ》き行く」の一首が見える。作者は作者の「胸底」に〈われならざる者〉を「棲ましめて」いる。天地の創造主の「悲しみ」が自動詞的に湧きあがってくることと、「異形の者」を他動詞的に「棲ましめ」ることの違いはあれ、作者はみずからのうちに去来する〈われならざる者〉、言い換えれば〈他者〉の存在を常に意識している。その〈他者〉と合一できるとき、作者の歌は昂揚の度合を高めるし、〈他者〉と不調和であるとき、作者は痛みを覚える。掲出歌は前者の場合であり、「胸底に異形の者を」の一首は後者の場合である。

岡野短歌が読者に感動を与えるのは、岡野が「あめつちを作りしもの」といった、神的な〈他者〉と合一できるからだろう。なぜならわれわれ一般の読者はそうした神がかり的な経験をし得ないからだ。岡野短歌の〈われ〉は強靱であり、私小説的な〈われ〉とは対極的である。掲出歌でいう「あめつちを作りしもの」のような〈他者〉の声をも作者の〈われ〉に包摂し得るのだから。

（小長井涼）

雪の上に血をしたたらす大鹿を追ひて帰らずなりしわが祖父

『海のまほろば』

『海のまほろば』は、「緑の窓」「飢餓幻想」「まほろば　は　いづこ」「檜山の闇」の四部より成り、この歌は、「飢餓幻想」に収められている。岡野弘彦の生家は、三重県美杉村の雲出川上流に建てられた、三十数代も続いた一軒家の神主家である。人里離れた山奥では、鹿を見かけるのはさほど珍しくなかったに違いない。この大鹿は多分、立派な角を生やした牡鹿だっただろう。矢を放たれたのか、鉄砲で打たれたのか、血をしたたらせながらも、力をふりしぼって、作者の祖父に立ち向かったのだ。

真白な雪を点々と汚した鹿の血が生臭く匂ってきて、不吉な感じを抱かせる。「帰らずなりしわが祖父」から、大鹿との凄絶な格闘があったものと考えられよう。親に聞かされた祖父の最期の様子が、雪の上の記憶となって膨らみ、紡ぎ出されたのだろうと思う。

第一歌集『冬の家族』には、「多感にして若き命を終りたる明治びと祖父はひげ濃かりけり」「祖父の血を継げばわがもつ胸毛よりしたたる汗をいとほしむなり」が収められている。岡野の年譜の零歳の項には、「三十五代の神主を継ぐべき長男として生まれた。家には両親と、祖父の頃からいる男衆・女子衆が数人」と記されているから、岡野は母方の祖父を知らずに育ったことになる。

岡野弘彦が主宰を務めていた「人」の全国大会が、八月に三重県で開催されたとき、出席者全員で、「川上山若宮八幡大神」にお参りしたことを思い出す。神社の横を流れる雲出川の水は、冷たく清らかだった。幼少から岡野が、父の後を継ぐべく修業した川である。

雲出川上流の、山深いあの周辺なら、色々な動物が出没しても不思議ではない。それほど遠くない昔に、三重県の雪の山中で、人間と大鹿とのすさまじい闘いがあったことを、鮮烈に物語る。

（平田利栄）

春あさき野べの葬《はふ》りにおろおろと親が摘みゆく花摘み袋

『海のまほろば』

結句の花摘み袋については、一連の詞書に詳しい。少し長くなるが引用する。「未婚の娘を葬むるとき、親は花つみ袋に花をつみためて、柩に入れてやるといふ。この世に生まれて、子を残さずに死ぬ者の罪をつぐなふためである。」折口信夫も所々で花摘み袋のことを述べている。「生前村の祭事に與る資格のなかつた者・独身者（未完成霊）が死ぬと霊の集合地で幅が利かないので花を摘んで持たせた。それが花摘み袋である。花が成年戒・成女戒を受けた徴になつてゐたと思はれる」。

暮れのこる残雪《はたれ》の白さ摘みためし花は袋にいくほどもなき

表題作に続く作である。おろおろと花を摘みゆく親の思いの量は、袋に摘みための花の量よりはるかに多かった事だろう。

さて、未完成霊の中に、若葉の霊というものがある。折口信夫はこの若葉の霊を「まびかれた子どもが、時々雨の降る日など、ぶるぶる慄へながら縁側を歩くのを見る」と述べている。

雨垂れのしづくに濡れてたたずめる目も鼻もなきわれの密か児《みそご》　「きさらぎの鬼」

生《あ》れいでてたちまち息を引きゆきし汝はいづち行く雪の夕べに　「花摘み袋」

の二連後の連中に右出の二首がある。岡野にも生まれてすぐに亡くなった子があると聞く。おそらくこの二首はその子のものであろう。そして、その子は女の子ではなかったろうか。

若葉の霊について岡野は、折口よりももっと年齢の幅を持って考えているようで、『バグダッド燃ゆ』の中には「若葉の霊」という旋頭歌の一連が収録されており、少年兵を詠んでいる。

生まれて間《ま》なく、未生のままに、幼くして、うら若く、いずれの時にせよ子を亡くした親の、歎きは深く、思いは切ない。

（桑山則子）

うつせ身のいのち狂ふとおもふまであはれ今年のさくら散りゆく

『海のまほろば』

戦中の凄惨な記憶により「断じて桜を美しいなどと思うまい」と桜を拒絶し、呪縛した岡野が、その禁を解いたのはかなり後になってからのことである。エッセー集『華の記憶』「花にこがれる魂―山本健吉氏を悼む」の章の中に「昭和五十三年と五十四年の二度、山本氏に誘っていただいて吉野の桜を一緒に見た」とある。この時の山本健吉の言葉によって、岡野は呪縛を解いたのである。後に、この時のことを旋頭歌に詠んでいる。

さくら花　いつまで厭ふ　こころなるらむ
あはれよと　わが頑を　さとしたまへり

『美しく愛しき日本』

表題作はこの吉野旅行後の作である。樹下の自身の生命さえ狂うのではないかと思うまで、桜そのものも狂うように、今年の桜は散ってゆくことよ。上句の「うつせ身のいのち狂ふ」の表現は、他の桜歌には見られない激しさがあり、命の燃焼を思わせる。以前では考えられない手放しの表現に、呪縛からの解放が察せられる。

また、岡野桜歌を考える上で、気になる二語がある。

声放ち泣けば　霜夜の糸ざくら。氷《ひ》の花むらの炎《ほ》むらだつまで

『バグダッド燃ゆ』

「氷《ひ》」と「炎《ほ》」の桜のイメージは（実景としての炎中《ほなか》の桜・燃える桜は別にして）所々に散見される。花冷え、身の冷え、魂の冷えを映す「氷」の桜。花燃え、命のほむらを歌う「炎」の桜。表題作は炎《ほ》の言葉なき「炎」の桜であろう。この作を思う時、常に一対の「氷」の桜として思い出されるのが、左出の桜である。

すさまじくひと木の桜ふぶくゆゑ身はひえびえとなりて立ちをり

『滄浪歌』

（桑山則子）

白じろと散りくる花を身に浴びて佇ちをりわれは救はるるなし

『海のまほろば』

『海のまほろば』には、昭和四十七年九月から五年間ほどの作品が収められている。岡野弘彦の五十歳前後の歌集である。

大和は　国の真秀ろば　畳なづく　青垣　山ごもれる　大和し　うるはし

『古事記』

倭建の歌ったという「国しのひ歌」を心に羨しみながら、現代の我々の喪失した「まほろば」を思い、「はるかな海と空のひとつになる彼方に、過ぎ去ったものの名残の蒼さを見る」という「あとがき」の言葉が、人間の根源的な寂しさやかなしみを思い起こさせ、『海のまほろば』を読むたびに、作者の心奥に籠もる情動の激しさや混沌の深さが、心に沁みる。

掲出歌の、白じろと散っている花、作者の身に浴びている花は、無数に散る桜のはなびらだろう。この歌は、「まほろば　は　いづこ」の章の「やまと恋」五首中の一首目の歌で、壮年の時が過ぎようとして心漂う作者の想念に、清らかに顕つまぼろしが、「過ぎ去ったものの名残りの蒼さ」を想起する情動と通底するようだ。

まぼろしに夜ごと顕ちくる女ゐて白みしわれの髪をいとしむ
初瀬路の春の恋ほしさ現し身に逢ふべくもなき人歩みゆく

「やまと恋」の歌の、作者の白くなり初めた髪をいとしみ、歳月の彼方へとまた歩み去ってゆくその人は、現実には逢うべくもない幻影であるゆえに清らかで美しいのだろう。恋の歌の多い作者だけれど、想いの寄りゆく有りようは、大和を想い、まほろばを想い、いつくしむ想念と重層し、戦いを体験したことによる罪障の意識とも相俟って、救われ難い思いが強いのだろうと思う。

ほろびゆく炎中《ほなか》の桜　見てしより、われの心の修羅　しづまらず
『バグダッド燃ゆ』
（牛山ゆう子）

若き日を異土のいくさに戦ひてやまとをぐなの如く死なざりき

『海のまほろば』

自分の若い日は異国との戦争で戦ったが、あの倭建が東国平定の後、大和を目前にして戦いに倒れたようには、死なななかった。

この歌を解釈すればこうなるが、背後には多くの説明がいる。まず、「やまとをぐな」は日本童男とも書き、倭建（やまとたける）の別名である。この歌の下の句「やまとをぐなの如く死なざりき」には、作者の同世代の多くが死んだのに、自分は死ななかったという罪悪感がこもっている。「死にがたしと思ふ心をおしひしぎ手を振りて逝きし友老いずゐる」の歌がこの歌の二首後にあり、若く戦死した友人達は若いままなのに自分は老いてしまったと嘆いているのだ。

「まほろば　は　いづこ」の三章に別れた五十首の大連作の中の歌である。三章は、Ⅰ古代感愛篇で「やまとたける」の記録に添った章、Ⅱ近代悲傷篇は沼空が主体で、養子春洋の戦死を悲しみ、Ⅲ現代襤褸篇は作者岡野が主体で、戦いで生き残ったものの、現代の情況は襤褸のようなものだ、という思いが詠まれている。掲出の歌はその中の一首である。三つの章題はみな釈沼空の詩集の題の「集」を「篇」に変えているだけのタイトルで、この用法の是非も検討すべきであるが、ここでは深入り出来ない。この歌集には「南島　死者の書」の作があり、これも沼空の作品を岡野の視点で詠い直している。この歌集は沼空の作品を下敷きにして、岡野の視点で詠い直したらどんな効果があるかの試みの集でもある。

倭建が死ぬ間際「大和は　国の真秀ろば　畳なづく　青垣　山ごもれる　大和し　うるはし」と詠ったと伝えられるが、現代のわれわれが命はてる際に、思い恋おしむ「まほろば」があるのだろうか、というのが岡野の問いかけであり、歌集題にもなって、この集の芯をなす歌である。

（沢口芙美）

妻と夫《せ》と息をひそめて爆薬を調《てう》じてゐたる心思ほゆ

『海のまほろば』

一九七四年八月三十日午後零時四十五分、三菱重工業東京本社ビルで爆弾が破裂した。死者八名、負傷者三七六名を出した「三菱重工爆破事件」と呼ばれるテロ事件であり、その後も翌年にわたって爆弾テロが起こり「企業連続爆破事件」と呼ばれた。一連の犯行は東アジア反日武装戦線という二十代の男女の過激派集団によるものであった。日本の大企業が戦前期に、また戦後の今も、アジアの民衆を苦しめ彼らから搾取しているとの考えによるものであり、メンバーは普段は一般市民として目立たぬように生活し、それぞれのアパートなどで爆弾製造を行うといった日常を過ごしていた。

われわれ一般市民にとって、その思想は縁遠く、その行動はとんでもない憎むべきテロ事件である。普通はそれで終わりだろう。しかし作者は、その思想を持ち行動するのが人間であり、若者であることに注目している。岡野がある時、「かくてはならじ」という思いについて語ったことがある。日本はこれでよいのか。国家のことよりむしろ、人々の心の在りようのことである。岡野には国学を継ぐ者という意識がある。

　元禄の庶民の学のすがしさを保ちかゆかむ国学の末　『滄浪歌』

　遠つ世のやまと建を顔くらき若者どもに説きてすべなき　『海のまほろば』

彼らは誤った思想に基づき誤った行動をしているのに違いないが、濃やかな表現からは人間としての息遣いが聞こえる。「妻と夫と」の歌い出しも柔らかい。作者の彼らに対する心寄せは、現在、誤った戦争とされる太平洋戦争で死んでいった日本の青年達への思いから生じていると考えられる。また、戦後三十年、青年達を爆弾闘争に走らせたことに対する責任を強く感じているのだろう。

（上條雅通）

若き日をいくさの中に過しきてすべなき癖ぞ飯噛《いひ》まず喰ふ

『海のまほろば』

内面はさることながら、いくさによって岡野弘彦にもたらされた、具体的な負の遺産の一つが、「飯《いひ》噛まず喰ふ」であろう。一九四五年一月に二十歳で召集を受け、大阪府布施市の新設橋部隊に入った。極限状態にさらされたとき、人間はどんな行動をとるのだろうか。本能的に自分の身を守ることが第一に考えられよう。戦場では、空から海から背後から、敵がいつ、どこから襲ってくるか予測がつかない。その場をただちに離れなければ、命を失うこともあり得る。

昔から食べものはよく噛むように、と言い聞かされてきたし、健康が見直されて、「ひと口三十回」が提唱されているが、戦の場ではそのような悠長なことは言っていられない。立ったままや移動しながら食事を摂ることも珍しくないだろう。不測の事態に備えて、丸呑みが当たり前で、生理現象にも速やかに対処する必要があった。岡野と同年同月生まれのジャーナリストで評論家だった草柳大蔵の、戦場での体験談を聴いたことがある。早食いと排泄は時間との闘いだったと。掲出歌が講演会での古い記憶を呼び覚ました。誰しも癖はあるが、若い時分についた癖はなかなか直せない。

岡野は一九二四年七月七日生まれだから、この歌の「若き日」は、一九四四年六月から敗戦までを指し、十九歳の終わりから二十歳の誕生日を迎えて一月余りのころに当たる。愛知県豊川海軍工廠鍛造工場に配属され、四十ミリ機関砲を作っていた。

既に述べたが、二十歳で召集を受けた後、幹部候補生になって九十九里防衛のため茨城県に移駐する途中、四月十三日に東京の第二回大空襲に遭遇した。数人の兵と残留を命じられて、一般市民の遺体の処置などの作業に携わった。二十歳前後で強いられた過酷な日々が、岡野弘彦の食習慣を変えてしまったのは否めない。

（平田利栄）

年どしの萬葉の旅にともなひしをとめらも子の母となりゐむ

『海のまほろば』

折口信夫博士記念古代研究所で、岡野弘彦が指導をしていた「萬葉集研究会」は毎年万葉集に詠われた地を徒歩で旅するのが恒例であった。大学内で「折研」と呼ばれていた研究所に所属する研究会は元々女子学生禁制の集まりだったと聞く。しかし、入学する女子学生が増えるにつれ研究会にも各学年一人二人は女子が出席するようになった。この歌が出来たころは、年度によっては女子の方が多いような有様になっていたことを思い出す。「岡野先生」は女子学生に崇拝されている人気教授でもあった。しかし、この作品は卒業して行った何人もの女子学生を詠んでいるのではあるまい。「をとめら」は複数をあらわす接尾辞ではなく愛情・親しみを表す接尾辞で、一人の女子学生を対象とした作品であるとわたくしは感じている。

かの子らや　われに知られぬ妻とりて、生きのひそけさに　わびつゝをゐむ　　釈　迢空『海やまのあひだ』

という作品が釈迢空にある。迢空の歌のように「生きのひそけさに」「わびつゝを」と強く思いを表出しているわけではないが、長年、熟読浸透している詠い方の影響というものを感じる。

『冬の家族』や『滄浪歌』に詠われている稚く邪心のない理想化された女子学生ののちの姿がそこにある。

うなじ清き少女ときたり仰ぐなり阿修羅の像の若きまなざし　『冬の家族』

藪椿の蜜吸ふすべを教えしがかの人もすでに清き子の母　『滄浪歌』

（工藤こずゑ）

こもごもに病み衰へて老いゆくか父が睡《ねむ》れば母も眠りぬ

『海のまほろば』

自立して家族を持ち、子供がある程度成長して、ゆとりが生まれるころに親の衰えが気に掛かるようになるのは一般のことであるが、作者の父も『冬の家族』出版の前から病みがちだったようだ。

いびきつつひと日めざめぬ父の辺に身じろぎもせず母はいませり

『冬の家族』

父弘賢は「略年譜」によれば、世襲の社家に婿養子に入った。両親と死別していた母ケイにとって弘賢は頼もしい存在で、「関東大震災の揺れが伝わってきた日にもお父さんがいてくださってよかった」と作者に話したことがある。その時の母の顔が何となく幸福そうにつやつやしたように思えたと作者は記す

(『華の記憶』)。

寝たきりの体で作者の帰省を喜ぶ父、半年前から丹精した野菜をあれもこれもと勧める母。本来神社を継ぐべき作者が、弟を恃み学門の道を選んだことへの自責の思いは、常に心の隅にある。

つひにわれ父の心に添はざりし互《かた》みに強《こは》き性《さが》を分ちき
『海のまほろば』

あひ逢へばやさしかりしが心底《こころど》にわれを許せしことなかりけむ

母は十八歳で作者を出産したという。父とはかなり歳の差があるが、その分、夫唱婦随の仲のよい夫婦であったと思う。だが老いた父の病が昂ずれば、母に心ない振る舞いをすることもあった。

天窓のきよき夕星《ゆふづつ》。ひしびしと母を虐ぐる父の聲する
『海のまほろば』

天窓に星が見える夕暮れに、「ひしびしと母を虐ぐる父の聲」がする。淋しい情景の中に夕星は清らかな光を放っている。病む父が寝入ると、老母も疲れた体を休めるのだった。昔話の情景のようだ。
(忍足ユミ)

壮年《さだ》すぎてなほ人恋ふるあはれさを人は言ひにき我も然《しか》おもふ

『天の鶴群』

『天の鶴群』の「さだすぎて」八首中の最後の歌。働き盛りの年齢も過ぎようとしているが、それでもなお若い頃と同じように人を恋しく思う気持ちだけは衰えることがない。それははかなさ・さびしさとも言えるし、またすばらしさ・ありがたさとも考えられるとあなたは私に告げた。私もその通りだと思い、この恋心を忘れない。

この一連は「とめどなくわが胸底にしたたれる蜜のごときを告ぐるすべなき」から始まり、「意志強き少女」に思いを寄せる形で詠まれ、五首目には「若き日のごとく恋ふれど身の境《さかひ》いちづならねばつひに苦しゐ」とある。この「あはれさ」の解釈は様々だろうが、総合的な判断をすると若い頃のように情熱だけで突き進めない大人の事情、苦しさ、障碍を想起できる。敢えて掲出歌のテーマを言葉にするならば、それは永遠の恋心であろう。人を恋しく思う気持ちに年齢制限はない。若い頃から岡野は「恋ほしむ」を多用して相聞の気分を高めてきた。私は茂吉からこの歌語を学んだと見ている。

解釈のポイントは二つ、「あはれさ」と「人」の内容である。「あはれさ」を他の語に言い替えると「悲しさ・はかなさ・さびしさ・いとしさ・すばらしさ・ありがたさ・尊さ・しめやかさ」などが考えられる。古語「あはれ」の語源は「しみじみとものに感動して発する語」であり、状況によりプラスにもマイナスにも使われるが、永遠の恋心を語る上では必ずしも一つに絞る必要はないだろう。また二度繰り返される「人」は前が恋心を寄せる相手で後がそれを知った他人の意見とも考えられるが、結句から考えて恋心を寄せた本人の反応また返答だと解釈したい。この作に呼応するかのように集中には次の歌が見られる。青年のような茂吉の恋心を思い出す。

五十五歳のわれを思ひて悔しきは茂吉のごとき恋をせざりき

（棗　隆）

魂はそこすぎゆくかあを蒼と昏れしづむやま天につらなる

『天の鶴群』

前歌集『海のまほろば』ののち、十三年を経て『天の鶴群』は第四歌集として上梓された。作者のあとがきに「世が静かであり、住んでいる伊豆の風光が美しいだけに、自分の業《ごう》のようなところから立ちのぼってくる葛藤は、かえって身をさいなんだ」とある。

それでは業《ごう》とは、いったい何であろうか。

人間だけが持つ魂ゆえの、深い悲しみ、苦しみがまじり合う、胸を刺し通す、するどく、もうろうとした疼痛であろう。そして水位を超えてくる漠とした不安であろうか。矢であろうか。

大正十三年七月七日、三重県一志郡の、山深く、歴史にふかい神社の長男に生まれ、昭和二十年八月、二十一歳を学徒兵で敗戦を迎えた時の運命の苛酷さは、余りにもむごいものだったろう。

此の国の全ての老若男女が、あの時代にこうむった焼土と飢餓の記憶は、それなりに深いとしても、人間岡野の生き方への苦しみには及ばない事であったろう。

この後、「人」の結社を立ち上げ、二十年の毎月に、一人八首の歌を添削も含めて、指導し、毎月の歌会を開いて下さり、厳しくまことに厳しく歌の道を指し示された事を忘れない。

「招魂歌」十五首は、岡野の父の病み細る夜に、詠んだ哀しい連作である。

垂れこめし梅雨の夜ぞらのいづかたにさすらひて行く父のたましひ

父の背に負はれて山を越えし日の夕焼くる空いま夕焼けよ

父に負う悲しみは、他の誰よりも深い作者である。梅雨の夜蒼く鎮まる檜山は、天に連なり、魂はいま、その木の山を過ぎて行くのか。

歌人の岡野は悲しくも堂々として詠むのであった。

（岸上　展）

田に降りてまだ静まらぬ鶴《たづ》むらの白きゆらぎの中に踏み入る

『天の鶴群』

遠くから飛んできて、田の中に降りたった二千羽の鶴、飛んできた熱気がうずまいているような、降り立ったばかりのその揺らぎの中に踏み入りました、という意味。「白きゆらぎ」が適確な表現で、人間ならばハッハッと息せききっているような、鳥でも飛来した直後の、身が熱く落ち着かないようすが生々と浮かんでくる。

鹿児島県出水市の鶴の飛来地を見に行った時の歌である。「鶴二千羽の来り泊するを見むと、出水《いづみ》に向ふ。」と詞書きにある。「天の鶴群」の五十一首の大連作である。この連の前半十五首は桜島の噴火の様子だが、後の三十六首は鶴の歌である。

ただ一羽ちまたの空をゆく鶴の羽根すき透る夢のごとくに
身震ひてわれは耐へゐつ夜の雲の渦巻くに似てめぐる鶴群
月の面かすめ飛ぶときこうこうと鋭き嘴《はし》を裂きて啼きたり

鶴の様子を詠む歌だが、「羽根すき透る夢のごとくに」に町空を飛ぶただ一羽の鶴の美しさが見えてくる。「夢のごとくに」と加えたのが、作者の鶴への憧れを語っている。二首目の「夜の雲の渦巻くに似て」に作者の闖入に驚いた鶴が飛び立ち上空をめぐる鶴の圧倒的な数を想像させる。三首目は「鋭き嘴を裂きて啼き」に観察の細かさを示している。

この連作に変化を付けるため、ポーランドからの女子留学生が帰国するのを、鶴の北帰に重ねて詠み、又この地は海軍航空隊基地があったところであり、特攻機で逝ったかつての友人を悼み、

くるほしくめぐり啼く鶴ただひとり我が生きて佇つを呪《のろ》ふ声する

と詠み、生き残った自分を責めている。

（沢口芙美）

啼きしきる夜声ひそかになりゆきてあなさびしもよ霜夜たづがね

『天の鶴群』

第四歌集『天の鶴群』所収。連作「天の鶴群」は、そのまま歌集名にもなっているように、歌集全体のハイライトをなす五十一首の大作。鹿児島を旅した岡野の思いが綴られている。冒頭「ひた心しづまりがたしとどろきて火を噴く山の裾に寤寝《いぬ》れば」と、桜島の噴煙にすでに高揚し、「ながらへて悔しきいのち西郷と月照のごとく我は死なざりき」と詠う。これは戦いを生き残った悔いであり、また、「西郷が偉いのは心中したからだ」という師・折口信夫の言葉を思い出してのものだろうか。その後の旅で、出水に降り立った岡野の前に、「身震ひてわれは耐へゐつ夜の雲の渦巻くに似てめぐる鶴群」と、鶴の飛翔が展開される。それを仰ぎつつ、当夜故国へ旅立つという乙女の身を「ほのじろく空の真闇にきえゆきし一羽の鶴をふたたびは見じ」などと詠むのだ。

ちなみに、掲出歌の直前は「わが知れる若き夫婦《めをと》の縊《くび》れしも羽根つらねこよ夜はの月照る」、次の歌は、「特攻機山ぎは近くなりしとき翼《よく》かたむけてゆきし思ほゆ」。連作全体を通して、鶴に自身の許を去っていった人々を重ねているのが分かる。ゆえに、今まで盛んに啼き騒いでいた鶴の鋭声の静まりとともに、岡野のこころの中に、言いようのない寂しさが募ってきたのだろう。思いを沈潜させたような三句までのしらべ、「あなさびしもよ」と、ここも声のトーンを落としつつ直接的に孤独を訴える四句、そして「息ざしの白く凝《こご》るを掌《て》に吐きて耐へゐるわれの身は冷えとほる」とも詠む、晩秋の霜夜の苅田を、聞こえてくる鶴の声。祭りの後に通ずる寂しさがある。

（森山良太）

真白羽を空につらねてしんしんと雪ふらしこよ天の鶴群

『天の鶴群』

この一首の結句「天の鶴群」はこの一首を含む五十一首の一連の題であり、また歌集一巻のタイトルでもある。それだけ、作者の思いの籠もった一首と言えよう。

岡野は、昭和五十五年十一月に鹿児島県出水を訪れた。晩秋の空気の中で鹿児島の街を歩き、そして出水で二千羽といわれる鶴の大群を見た。冒頭十四首は、鹿児島の夜を歩き、桜島の火をながめ、歌は西郷に至る。そして、出水の鶴に真向かう。

本書では、この一連から一〇二ページ「田に降りて」と一〇四ページ「啼きしきる」も取り上げているが、そのほかの歌も含めて、その場の臨場感に溢れる作品が多い。そして作者は、日本留学を終えて帰国するポーランドの女子学生や、かつての少年飛行兵などにも思いを馳せてもいる。

ながらへて悔しきいのち西郷と月照のごとく我は死なざりき
わが知れる若き夫婦《めをと》の縊《くび》れしも羽根つらねこよ夜はの月照る

この二首も心に刺さるような歌である。戦後の自らの歩みと、錦江湾に身を投じた西郷と月照の激しい生き方を引き比べ、また、何らかの事情で自死した若い夫婦を番いの鶴に重ねて歌っている。

「真白羽」の一首は、「真っ白な羽をつらねて、しんしんと雪を降らし来てくれ、天を飛んでいる鶴の群よ。」ということであろう。「しんしんと雪ふらしこよ」は、もちろん願いであるが、作者の目には雪は見えているはずだ。そして、私はこの一首に様式性を強く感じる。写実的な描写ではなく、選び抜いた言葉を調べによってつなぎ、思いの強さを表現している。それは決して空虚な様式ではなく、言葉を働かせる様式なのだと思う。歌の中の具体あるいは実体の有る無しが議論されがちであるが、岡野の作品からは、音を伴う言葉こそ歌にとって実体であることを教えられるのである。

（上條雅通）

くれなゐにかがやくざくろ神の世の智慧こぼれ出よ夜の机に

『天の鶴群』

連作「智慧の木の実」より。掲出歌の前後には「おごそかに歳かはりゆく雪の庭願はくはわれの歌きよくあれ」「ふかぶかと雪の下より掘りいでし柘榴《ざくろ》一顆を夜の卓に置く」「わが歌のことばひとつにかかはりてい寝がたくゐる霜夜あかときる」といった歌が見える。作者は雪の降る夜、紅に輝くざくろを前にして歌を思案しているのであろう。作者はざくろを愛でつつ、何か清い智慧はないかと、歌に思い悩んでいる。雪の夜の静けさや雪の白い輝きと、ざくろの実の紅さの対照が鮮やかである。また、各句の先頭に「く」や「か」、「ち」といった乾いた音を配置することによって、歌の調べに締まりをもたせることができている。この歌において、夜の緊張した冷たさと歌の調べとはきっちりと呼応しているといえよう。

連作の題「智慧の木の実」が示すように、ざくろは『創世記』に登場する「善悪の知識の実」であるともいわれている。この「善悪の知識の実」とは、アダムとエバが神の禁止にもかかわらず口にし、人間が原罪を負う契機となった、キリスト教的には重大な意味をもつ果実である。筆者は以前、『バグダッド燃ゆ』と『美しく愛しき日本』とに触れ、「岡野短歌の宗教表象は〈様々なる意匠〉の一つにすぎないように思う」と書いたことがあった（『滄』第90号）。掲出歌の「ざくろ」もそのような意匠のひとつであって、そこに原罪云々といった重苦しさはない（ないからよいのだが）。『バグダッド燃ゆ』のイスラム教にしろ、掲出歌が下敷きにしているキリスト教にしろ、多くの日本人にとっては、みずからの信仰とは無関係の舶来品であろう。だからこそその宗教的な意匠に感覚的に魅かれてしまうのである。歌に詠まれた表面的な宗教イメージに魅せられる前に、読者は作者の宗教観念と信仰を注意深く問わねばなるまい。

（小長井涼）

冬凪ぎの海原とほく追はれきているかは啼けり低き鋭声に

『天の鶴群』

風が止み波の穏やかな冬の海。銀色に光る海原から湾へと追われてきたいるかの群れが、危険を察してか低く鋭い声で啼くことだ。

第四歌集『天の鶴群』の「いるか漁」二十五首中の四首目に置かれた歌である。静岡県伊東市に居住する岡野弘彦は、縄文の貝塚遺跡にもいるかの骨が出土し、古代からの食文化とつながりの深いいるかの追い込み漁を見学しつぶさに歌った。冒頭の三首を見よう。

うらうらと照る日かすめる沖べより舳《へ》さきおし並め舟きほひくる
大島の風早岬はるかなる潮路の涯ゆ追ひ迫るらし
三重《みへ》に張る網つぎつぎにしぼられて五百のいるか湾にひしめく

冬の沖べをゆったり泳いでいたいるかの群れが、舟ばたを叩く音などに追われ、三重に網が張られた湾に追い込まれる。五百頭のいるかが湾にひしめき、一斉に低い声を発する。壮観だ。

浮きいでて苦しき息を衝ける背に鳶ぐち打ちて引き寄するなり
逆手《さかて》に出刃《でば》にぎる手がためらはずつやめく咽喉《のど》をがばと切り裂く

いよいよ始まったいるか漁。鳶ぐち、逆手《さかて》に出刃《でば》、がばと切り裂く、のリアルな表現に、読者も漁を行っている気分になる。

首抱きてひき寄せざまに切りたれば返り血あぶる皺ふかき顔
生けるもの屠りつくして人は立つまだあたたかき血だまりの中
翳り濃き顔をそばめて去りゆきしかの老漁夫を忘れざるべし

いるか漁は現在、残酷、野蛮などと世界の環境団体からの反対運動の渦中にある。しかしこの一連二十五首は、人間の生きる業を、返り血あぶる皺深き顔、生けるもの屠りつくして、翳り濃き顔、に重ねて、歌をもって厳しく静かに問い返している。

（秋山佐和子）

呆れぼれと桜ふぶきの中をゆくさみしき修羅の一人となりて

『天の鶴群』

『天の鶴群』の「吉野」八首中の二首目。桜の美しさに心を奪われ、ぼんやりとした状態で桜吹雪が舞う中を歩いてゆく。戦時の記憶から桜を美しいとは思うまいと誓った自分だが、それも年齢を重ねるとともに次第に薄れてきて、今は闘争心を失いつつある、さみしい修羅の一人になったような気持ちで桜吹雪の中を歩いている。

岡野は若い頃から様々な形で桜を詠んできた。この歌は二十歳の軍隊経験を通して「これから後、断じて桜を美しいなどと思うまい」と心に刻んだ気持ちが、年齢を重ねるにつれて少しずつ変化してきたことをさみしく思う歌だと私は解釈したい。「修羅」を辞書で引くと「醜い争いや果てしのない闘い、激しい感情のあらわれなどの喩え」と説明されるが、掲出歌では桜の美しさを拒絶する思いそのものが修羅なる心の一つだと考えられる。集中には「わが命かがやくばかりありし日に死なざりしゆゑくやしくも生く」「胸の修羅しづめて酔へばかぎりなくくやしき夜の雨しぶく音」（口惜しく生く）という歌もあり、心に突き刺さる生き残った苦しさ、悔しさ、葛藤、戦友たちへの贖罪意識、その暗喩が修羅の正体だろう。加えて「一人」とは他にも同様の心を抱えた人が複数いることを暗示するのでは。

「ほれぼれ」は「①ぼんやりとしたさま　②心を奪われ、うっとりとするさま」の意。集中には「咲き満ちし花の木下にほれぼれとたたずむ我や春のまれびと」（桜）という歌もあり、桜に対して閉ざしていた岡野の心が徐々に解放されてゆく姿が読み取れる。これらの歌から私は、折口信夫門下の先輩山本健吉氏と岡野が吉野の桜を訪れたエッセイ（「花醍醐」）に描かれた、吉野の谷から吹きあがる誰も見たことのない花吹雪を想像した。桜に心を奪われることは日本人の慣習であるが、戦争の歴史と結びつく時はやや憂鬱になる。

（棗　隆）

戦ひを言へば心のたぎちくるこの習癖をみづから憎む

『天の鶴群』

かつての戦争の話になると、さまざまのことが思い出されてきて心がはげしく沸き返ってくる、いつまでも抜け切らないこの癖を、さすがに自分でも嫌だと思っている。意味はこうなるだろう。

岡野にとって、戦争体験は生涯の詠うべき大きなテーマである。少年の頃から、国のために戦い、命を捧げるのが使命と教育され、何の疑いもなく信じてきた者が、また戦中は過酷な空襲も体験したが、しかし、二十歳の夏の敗戦でその総てが否定された衝撃は、簡単に解決するものではなかっただろう。埋めがたい心の空隙、虚無感を旅に癒さんとし、生きる意味を探し求める思いは第一歌集『冬の家族』以来、つぶつぶと、或いは大きなテーマ制作で詠われてきた。敗戦直後、その気持ちは日本人の多くの人々の気持ちでもあり、岡野の歌は世情に重なるものであった。しかし、戦後の経済的復興で、人々の生活は豊かになり、戦争の傷みは次第に忘れられていく。「戦後は終わった」と言われたのは、この歌の数年前である。この歌は昭和五十三年秋から五十七年の時期で、世はバブル経済になろうとしていた時である。

朝床に水仙の香のにほひくるこの平安を信じがたしも

夜の桜咲ききはまれる下を行きこの平安の深きを怖る

同じ歌集にある二首である。世間も自分の日常もあまりに平安であるのが、「信じがたい」と言い、これで良いのか、と「怖れ」てもいる。戦争という動乱の世を知っている故の怖れである。平安が悪い訳ではない。むしろ自分の感覚が世間とズレているのではないか。世間と自分の思いとの空隙を自覚し、それを習癖として否定している。掲出の歌の下句には、現実に生きる生身の岡野の声が表れていて、他の戦争体験の歌とは違う、貴重な一首である。

（沢口芙美）

音哭《ねな》きつつやまとをぐなの越えゆきし峡をうづむる山ぼふしの花

『飛天』

音哭くは、音泣く音鳴くの同意語で、「源氏物語」にも見る表現。哭くは、もっと大声で泣くの意味があろうか。

やまとをぐなは、大和の男の子ども、作者の幼い記憶の中に咲いて居たのだろうか？　スサノオの山歩きのまぼろしであろうか？　山法師は、みずき属の白い花で、山でよく見かけ、近年は庭木にも多く見かける。十字形に見える清潔な白さである。

歌集『飛天』は昭和五十六年四月から昭和五十九年末に至る間の作である。「短歌」「毎日新聞」「短歌研究」その他に発表されたものや、主宰する「人」短歌会への作品が多い。『飛天』を今改めて読み返すと、その頃がなつかしい。

あの冊子、この歌集と読みふけってとめどがない。本来の評論というものには遠くなり、書きあげることは、何と困難であることだろう。

夢のまた夢つはぶきの坪庭に灯ともりそめて母泣きたまふ
山伏しが貝吹きならす檜原《ひばら》の闇かたくりの蒼《あを》ほむらだちくる
山吹の綴《つづ》れの恋のすべなさに戦《いくさ》の後をわれは生きたり

「花幻想」八首の中から、三首を更に抜いてみた。

この頃に書かれた、エッセイ集『華の記憶』と併せて読めば、作者の、鳥虫、木、滝、村、花への思い、記憶を知ることができる。

歌人岡野の感性の豊かさ、文章力の滋味の深さに魅せられた。

私は現在、小さなグループ〝しろがね〟に居て岡野先生の指導を受けている。かつて程のきびしさは影をひそめても、一首に対する真剣さは同じである。妥協は決して許されない。それゆえに堺や九州から集まって来る人が居る。

かつて折口（迢空）から受けた知識（日本古来の能・歌舞伎ほか）を語られる時、よろこびと豊かさに包まれる。


（岸上　展）

夜を徹し書きしものみなむなしくてよどむ怒りをしづめがたしも

『飛天』

ある夜原稿を書き進めていると、どうにも納得のいくような文章や歌が思うように書くことができない。なんと拙い文章であり歌であろう、ふと己に対する一抹の不安が胸をかすめたのである。何がどうしたわけでもなく、心の奥底から怒りや苛立が噴き出て来たのである。しかも突如としてある失望感が胸に広がり、とどめようのない切なさであった。

文学は自己の内面をいかに表現し普遍性を持たせるかである。その行為は無から出て、ある存在を生みだす困難な営みであり、ときとして虚しく切ないものでもある。しかし失望とは裏腹に思い通りに作品が書けた時の高揚は何にも代えがたい幸福感であり、その喜びはまたひとしおである。だからこそ生みの苦しみに耐え、果敢にたち向かうことができるのである。
人はどのような職業が自分にとって最もふさわしく適しているのか、判断は難しい。例えば物書きを職業とする場合とくに現実に見えないものを形にし、表現することはそう安々と簡単に得られるものではない。それでもふとあるときに天啓をうけ、自らの才能に目覚め大成する人もいないわけではない。但しそれはほんの一握りの方であろう。

この国の学徒の叡智信ぜぬにあらねども夜半に憂ひ湧きくる
『冬の家族』

文字淡く手帖のうへに残りたる茂吉を悼む雪しろの歌

全ての人と言わないまでも、険しく遠い道のりを独り歩まねばならない。さらに自身の才能との闘い、たゆまない努力こそが大きな力となり励みとなりうるのである。また常にあらゆる物事に心を研ぎすまし、日々を過ごさなければならない。物を書くということはこの様な覚悟と備えがなければ到底かなわぬ仕事であろう。

（三本松幸紀）

くぬぎ山ひと夜の荒れに散りつくし尾根吹く風の音変りたり

『飛天』

「沖とほく晴れわたりつつ音もなし遠海原に陽はのぼりくる」「ほのぼのと睦月ついたちの浪の音あさづたひくる部屋に目ざめつ」ではじまるこの一連は昭和五十七年一月三日の読売新聞に掲載された睦月を寿ぐ作品群で、掲載歌はその中の一首である。

昭和五十七年当時は生活と創作の拠点を静岡県伊東市の城ケ崎海岸近くに移した時期である。三重県一志郡八幡村という山村で生まれ育った岡野はことさら海へのあこがれが強い。遮るもののない海原を眺め暮らして飽きることがないらしい。ただ、これらの作品は伊豆の海に限定して詠っているわけではないように思う。正月の歌は、寿歌らしく読者みんなが共感するように作るのが岡野の作歌法である。伊豆の海を眺め、伊豆の里山を歩きながら、作品はその土地に縛られることなく飛翔している。

くぬぎは日本人にとってなじみ深い、必需と言ってもいいほどの木である。薪にし薬にし染料に使い、大きな団栗は食糧にもなった。所謂里山にはくぬぎやこならが多く植えられている。この「くぬぎ山」も身近な雑木山のことだろう。落葉樹は葉が茂っている時と裸木になった時では周囲に伝わる音の響きが違ってくる。くぬぎは黄葉の後、褐変して長く枝に残っている木である。

夜来の風に骨のようになった枝を差し交しているくぬぎ山の、その中を吹き抜けてくる風音も、昨夜とは違うことがわかる。微細な季節の移ろいが聴覚と視覚に支えられている一首である。

天城峯に陽は入りはててわたつみの暮れなむとするさやぎたちくる

『異類界消息』

竹群は峡の光になびきあひなびきあひつつ音きこえこぬ

『飛天』

（工藤こずゑ）

師と父といづれ選ぶと言ひいでてかなしみ瞻《まも》る顔に対《む》きゐつ

『飛天』

ＪＲ名松線伊勢奥津駅より雲出川に沿って青杉の深い径を歩くこと一時間三十分、雲出川源流とも呼ぶべき山の奥に、川上山若宮八幡宮は、鎮座している。中世には伊勢の国の修験道の聖地とされ、三重県地方では、遠近の信を寄せる人々の心を集めていた。岡野はその三十五代宮司を継ぐべく生を受けた。信者、氏子達からも幼い頃から「坊《ぼう》さん」と愛称で呼ばれ将来に大きな期待と責任を負わされていた。

終戦後、その国学と思想に憧れ深くしていた折口信夫の元で書生として二十代のほとんどを過ごした岡野は、折口の晩年を看取り、師の研究を受け継ぎ、ついに宮司の職を継ぐことがなかった。

掲出歌の前には

帰りきて家職を継げといふ父の後姿《うしろ》さびしきに別れきにけり

が連作として詠まれている。

エッセイ集『華の記憶』の「師走と臍の緒」に「冷たいみぞれが降っていて、私は父に傘をさしかけながら話していた。そのうち、父の返答がだんだん心もとなくなっていた。はっと気がつくと、私は折口先生に話しているつもりになって、父に話しかけていたのだった。それからあとは、駅で別れるまで、話のつぎほがなくなってしまった。」とあり、この連作の説明として、有り余る心情を読むことが出来る。

先生の国学の道を選ぶのか、代々の家職を継ぐことを選ぶのか。幼い頃から父より後継者として厳しく育てられ、期待されていたにもかかわらず、師の国学の継承のために、宮司職を継げなくなってしまう哀しみ。威厳を保ちながらじっと見つめる父の前に身を固くしている。その切ないばかり停止したような時が詠み込まれている。

（上村亮二）

ふるさとを出でむと心きまりゆく夜行列車の窓に雪ふる

『飛天』

「心きまりゆく」の言葉と「雪ふる」がこの歌を読み込む鍵である。決まる、決まったでなく、時間は遡って決まっていた。然し、確固たるものとはなっていなく、これから先もまだまだ固めてゆくことになるだろうと言う前と後ろに時間が伺える。また「雪ふる」も見える雪の外に広がる空間と時間の継続性がある。この空間と時間の中に主人公（作者）の問題から逃げられない、逃げてはならない孤独な姿と魂を浮かび上がらせ、確たる実存性をもたせている。この心魂は、長い間歌われて来た、そして歌われるであろう離郷や望郷のセンチメンタル（それも悪くはないが）とは違う。

この固く孤独な魂はなぜ、如何にして生じ存在するに至ったのであろうか。

触れないではおられない。然し、この歌の真の価値を損ねることになるかもしれない。この歌は『飛天』の「大井出石町」の三十首の中の一首である。「大井出石町」は先ず次のような詞書からはじまっていて歌物語的雰囲気をかもす。「釈迢空、かつてこの町に住みき。地下にひそむ一条の水脈…」。この「大井出石町」の中から、「ふるさとを…」と関係深い三、四首を参考に引いて見る。「帰りきて家職を継げといふ父の後姿《うしろ》さびしきに別れきにけり」「峡ふかき村に帰ると父が乗るローカル線雪の事故を告げゐる」「師と父といづれ選ぶと言ひいでてかなしみ瞻《まも》る顔に対《む》きゐつ」。

　これらの歌から列車に乗る前に何があったかわかる。古社の長男として生れ、継承が当然と育てられた岡野が、祖先代々受け継いだ神官の家職を捨てるのである。神官に限らずどの家も長男が継ぐのは当然であった。「師と父と」の歌には強い父の愛だけでなく、婿養子として、息子へ繋がせる強い使命感が言わしめたとも考えられる。行く先は、「暁の庭に…たちむか」へる師迢空の処であった。

（中井昌一）

数かぎりなき飛天《ひてん》は空をあまがけり地に楽の音のわきたつところ

『飛天』

〝飛天〟のことについては、エッセイ集『華の記憶』の中にも、岡野は美しい文章を綴っている。多分最初の旅の後に書かれたと思われる。二度目の岡野夫妻の旅に、姉と共に十日余りシルクロード奥地を、更に敦煌、蘭州をご一緒できた。少数民族（ウイグル族）の少女の美しい踊りを、夜半まで見て、その頃のツアーの中国人添乗員の心やさしい素朴さに癒やされた。暑い昼の乾燥の中で地下のカレーズ（カナート）の水に冷やした哈蜜瓜《はみうり》を切り分けてくれた。莫高窟《ばっこうくつ》は千年余りの眠りをむすんでいた仏像や壁画を公開するのであるが、岡野の歌に詠まれた飛天が、あまがけるのだった。上句に対して、「地に楽の音のわきたつ」との表現は総合的なひびきをたたえている。

わが家のリビングのソファの下に「鹿王本生図」―敦煌二五七窟―と織られた、一畳ばかりの敷ものがある。すっかり忘れて居た此の織ものは、踏むのではなく、仰ぐものでしょうと言われたが、今では絵を拝むこともない。このたびよく見ると鹿は立派な角を持ち、その背にのる少年も少女も、領巾《ひれ》を小さくまとっている。

永い日時をかけて、丁寧な荷造りで敦煌から届いてから何年が過ぎたろう。姉は領巾をもう振ることはない。

暮れはやき飛天の窟《くつ》をいできたりうつつともなし砂の夕映え
ゆらぎたつ砂上の海市ゆらゆらと飛天の領布《ひれ》は身をつつみくる

「砂と空」より。更に岡野は飛天をうたう。しかし一方

この巨き地のしづまりに生くる民と戦ひて十五年つひに勝たざりき
心深き寛容の民とおもへどもこの静けさの計りがたしも

十五年戦争をまつぶさに生きた岡野は、こうも歌う。

（岸上　展）

この巨き地のしづまりに生くる民と戦ひて十五年つひに勝たざりき

『飛天』

第五歌集『飛天』所収の連作「飛天」より。「あとがき」によれば、昭和五十六年から五十九年にかけての二度のシルクロードへの旅の中から生まれた一首。

上の句の「この巨き地のしづまり」とは、眼前の渺々たる砂漠の情景を超え「広大な国土や、その上に悠々と生きる数限りもない民の生活力の深さとたくましさ、千古を変ることのないような山河と（中略）文物の動き」（「あとがき」）を大観したようなスケール感をもつ。「砂原に日は照りみちて音もなし駱駝のむれの二つあひ寄る」（「砂漠へ」）とも詠む広大な国土に生きる人々のたくましさは、「ためらひてゐるわが傍にかがみ来て男たちまち大き屁をひる」

（「飛天」）などの〝厠歌〟からもうかがえる。また、そのしらべは、斎藤茂吉の「大きなるこのしづけさや高千穂の峰の統べたるあまつゆふぐれ」を彷彿させる大きさを伴っている。

さて、下の句だが、普通なら「十五年戦ひてつひに勝たざりき」となるべきところを敢えて入れ替えた理由は、「十五年」の句切れの一呼吸に、万感たる思いを託したかったのだろう。国土の広さも人数も日本に数倍する中国と戦って本気で勝てると思ったのか、と改めてむなしくなったのではないか。「十五年（戦争）」は昭和六年の満州事変に始まり終戦に至るまでの期間で、大正十三年生まれの岡野にとっては物心ついたときから青年期までの人格形成期でもあった。また、岡野より十年ほど先に生まれた宮柊二は、実際に広大な中国大陸を転戦し、その激闘の体験の中から『山西省』の戦争詠を生み出した。戦地に赴かなかった岡野には戦場の歌はないわけだが、個人的な体験を超えた、まるで大河ドラマのようなスケール感をもつ一首である。

（森山良太）

殻厚き唐黍《もろこし》の粒呑みくだしかくすこやけき糞垂りてゐる

『飛天』

殻の厚い、いかにも硬そうな唐黍をたべて、消化しきった糞をしている。その消化力、胃腸の強さに驚き、半ば呆れている歌である。「飛天」三十首の連作で、敦煌の莫高窟を見学に入った時の歌。中国人の、どんなに自然環境の厳しい中でも地を這う様にして生きる逞しさを様々な所で目にし、それを詠い取ろうとしている。

何たのしみて生くるならむとふと思ふひた土の上に盛りあげし糞《くそ》

うづたかくもりあがりたる糞の上に朝日さしくるを見呆《ほほ》けてゐる

美しいものに目が行きがちの岡野にしては珍しく、この連に糞の歌が右のごとく三首もある。これには前例がある。中国詠で有名な土屋文明の『韮菁集』

である。

雷雨あり華厳寺の道ゆきがたし高きをまはれば糞新しく

『韮菁集』　土屋文明

戦争中に中国に視察旅行に行った文明は曇りのない目で中国人のその逞しさ、聡明さを捉えているが、どんな貧しい物でもしっかり食べ、消化しきる姿に感銘したようだ。「ただの野も列車止まれば人間あり人間あれば必ず食ふ物を売る」とも詠っているが、「『驚いた』と洩らし『大した量だった』といふ言葉で私も心うたれた」と、同行の俳人加藤楸邨が語っている。余程の糞の量だったのだろう。トイレなどはなく、道端や野での野糞である。岡野も二度の中国旅行をして、中国人の様々な姿を詠おうとすると念頭に文明の『韮菁集』の歌が浮かんできて、その圧迫感から脱け出るのに苦しんだ、と述べている。「この巨き地のしづまりに生くる民と戦ひて十五年つひに勝たざりき」が、中国人を見ての岡野の感慨である。

（沢口芙美）

おのづから驢馬あゆませて日ざかりの車の上に農婦眠れり

『飛天』

岡野弘彦が中国シルクロードを敦煌、トルファンまで訪ねたのは、一九八二年九月だった。「北京の空」には、飯店の韮やにんにくの匂い、作者が北京ダックの脳をせせって食べる場面、駐在員の妻と語るひととき、日本の秋を懐かしむ人などを登場させた後に、掲出歌が収められている。畑で育てた野菜などを、町の朝市に売りに行った帰り道なのだろうか。北京の郊外よりかなり町外れで作者が目にした印象深い光景だったようだ。家畜驢馬は、粗食でも元気でよく働き、その上賢いので荷物の運搬に重宝される。この驢馬は飼主の農婦を乗せて、いつもの慣れた道を家へと帰っているのだろう。「おのづから」は、農婦と驢馬との信頼関係が培われているのを表す。睡魔に襲われると、立ったままでも眠りたいものだが、農婦にとって驢馬の引く車上は格好の揺籃と言ってよいだろう。

農作業や家事、子育てにと、一日中休む間もなく立ち働くこの農婦には、市場からの帰路が体を休めることのできる貴重な時間帯なのだ。驢馬の車上に安心して身を委ねているのが、結句の「眠れり」で強調された。掲出歌の次の「しづかなる驢馬の歩みに近づきてわれは見てゐつその深き眼を」には、旅そのものを楽しんでいる作者の心の有り様が、具体的に描出された。涙が今にも零れそうに潤む「深き眼」に、見守る人の内面が見透かされてしまいそうだ。驢馬を通して、地に足をつけ逞しく生きる人々の姿まで垣間見える。

「北京の空」では、「旅に寝て五官するどし縹渺と野を吹く風は冬の匂ひす」「羊追ひて帰りきたれる親と子の後姿《うしろ》あひ似て遠ざかるなり」「人間も羊のむれも声絶えて夕べの砂の色となりゆく」も、作者の豊かな感性が捉えた優れた旅の歌で、掲出歌の背後に広がる自然の厳しさ、生の寂しさが重層的に立ち上がってくる。

（平田利栄）

呆然とわがゐる時に父に似て耳朶さびしきを母は言ふなり

『飛天』

一九八三(昭和五十八)年三月三日、父死去。看取りを終え、先祖の墓に埋葬した後の、ただ「呆然」と坐っている作者に、「お前の耳たぶもさびしくてお父さんに似ている」と母が言った。耳たぶが大きいと「福耳」と言われるが、長年父を介護してきた母は父の「耳朶」のさびしさに心を痛めたことがあったのであろう。

そら死にをするわが耳をひたぶるに子はつかみをり子は愛《は》しきもの

『冬の家族』

来む世すらさびしくあらむ耳うすく壁にむかへるわが夜はの影

『天の鶴群』

「耳」には「わが耳を冷たき指にさぐりくるあまやかにして迫れるしぐさ」『滄

浪歌』のように官能的な歌もあるが、「そら死に」をする作者の耳をひっぱる子供の真剣な行為を詠んだ歌では、子への愛しさが一段と感じられる。「来む世すらさびしくあらむ」と自嘲する、壁に映ったわが影の「耳うすく」は、冒頭歌の「父に似て耳朶さびしき…」につながる一首である。体型でも顔つきでもなく「耳朶」のさびしさを母が指摘したときに、湧いて出る悲しみがあった。「呆然」は和語を吟味して使う作者にしてはいささか不用意に思えるが、その不用意さが、混乱してやむにやまれぬ思いをよく伝える。『折口信夫の晩年』には、堀辰雄の死を知らされ、国立博物館で小さな陶俑を「呆然として見入っていられた先生」が描かれ、また折口の死去に際し「…それまで呆然としていた私」と述懐している。

わが頬に涙したたり呆然と夜半をさめをり師は夢に顕つ

『滄浪歌』

鶴《たづ》むらのめぐる真下にうつせみは呆然として立ちつくしをり

『天の鶴群』

(忍足ユミ)

常臥《とこぶ》しの父の布団のくぼめるを目瞻《まも》りをりすでに父はそこにゐぬ

『飛天』

「蒼き飛天」二十首の一首目の歌。岡野の父弘賢は一九八三年三月三日に九十歳で旅立った。病身な方だったようだが、この年齢は当時としては長寿の部類に入るだろう。寝付いていた父の布団の、体型を今なおとどめる窪みに自ずと目が向けられる。既にいない父の姿を布団に残っている窪みに重ね合わせて、目の前に顕たせようとする作者の無念さ、言いようのない喪失感が色濃く表されている。『飛天』のあとがきに、「二度の中国の旅の間で、九十歳の父を逝かせた。だから二度目のシルクロードの旅は、この世から飛び去った父の魂を、遠く西方の宇宙の涯に追い求めているような思いがしきりであった。集中の『蒼き飛天』と題した部分は、そういう気持の名残りである」と記す。先に無念さと述べたが、後を継がなかった岡野は、父の最期だけは見届けたいと願っていたのではないか。

掲出歌には通夜祭の詞書がある。「蒼き飛天」を詠み込んだ埋葬祭の詞書の付く「立ちめぐる群山《むら》の上をかけりゆく蒼き飛天をわれは幻《み》てをり」は、あとがきの作者の思いと重なる歌で、歌集名とも響き合う。ふるさとの山々を天翔る亡き父のまぼろしが、「幻てをり」によって、鮮明に映し出される印象深い一首である。

通夜祭から埋葬祭、五十日祭と続く一連の「屋敷木の梢ぼうぼうと風に鳴りそこ過ぎてゆく魂見ゆる」「葬りきて花おぼろなる夕庭の馬酔木《あしび》の下に耐へがたくゐる」「散り頻《し》きて墓をおほへる桜の花なきたましひも出でてあそべよ」は、心に沁みる鎮魂歌である。

布団の窪みで思い出されるのは、『冬の家族』の「見じとすれど眼はおのづから寄りてゆく去年のままなる寝椅子の窪み」（叢隠居）で、折口の没後に箱根を訪れた折の作である。「窪み」が、岡野にとって最も大切な二人の生前の姿を偲ばせてくれたのだろう。

（平田利栄）

ごろすけほう心ほほけてごろすけほうしんじつつとしいごろすけほう

『飛天』

不思議な魅力を湛えている歌である。「ごろすけほう」のリフレインと「しんじつつとしい」感情とのみにみちている。けれど歌の内在律は解れ、韻律により創生された時空が遥かに広がる。

絶え間なく寄せ来てはまた寄せ返す海原の波。地底から空に向かって聳える山々の生成の鎮もり。樹木の息吹を促す大気の鼓動。原初の闇に梟が啼いている。

掲出歌は、「ごろすけほう」八首の八首目の歌。

たそがれて茶の花しろき背戸の庭しのび泣く母の背に負はれゐつ

「ごろすけほう」

一連の最初は、母に背負われている作者の幼い頃の記憶が、母恋の情愛のかなしみを思わせる歌で、たそがれの庭に咲く茶の花の白さが清純なイメージをもたらす。

立ちめぐる群山《むら》の上をかけりゆく蒼き飛天をわれは幻《み》てをり

「蒼き飛天」

『飛天』は『異類界消息』より早い時期の作品である。この集の昭和五十八年に父上が他界された。古代では山の際と空との境は魂がこの世からあの世へ越えてゆく処と考えられていたという。「蒼き飛天」は、翔りゆく父の魂を幻視し、父の魂と作者の純化された詩魂とが、ゆらめき響き合っている。

握りしめて水と化《な》る歌をよしと言ひし釈迢空われはなまこ嚙みしむ

『異類界消息』「なまこの歌」

さ夜ふけてなまこを嚙めばごろすけほう声さむざむとふくろふが啼く

迢空の至った無内容の歌。ぎゅっと握りしめると水になるような歌。掲出のごろすけほうの歌は、そのような志向性を具現していると言えるだろう。

（牛山ゆう子）

霧ふかき夜の窓ガラス人恋ふる火蛾のまなこはあやしく光る

『異類界消息』

霧ふかい夜の窓ガラスに大きな蛾が張り付いている。そのまなこがあやしく光るという何でもない歌のように見えるが、「人恋ふる」と蛾の思いに立った視点が入っているところで、上の句と下の句との間にひねりがもたらされている。なぜ蛾の側に立った思いを入れたのだろうか。それは大津皇子や亡くなった人の怨念だろうか。霧の中からオレンジ色の明かりがほの照る、あやしい一首である。

文学史の中で大切な位置を占める折口信夫の『死者の書』を丸谷才一は小説としてはあまり高く評価していなかったと岡野が講演で述べたことがある。では小説家として誰を評価するのかと問うたところ里見弴の名前が出、意外な作家を出したものだと思ったということを述懐している。（岡野弘彦「源氏物語全講会」）

その里見弴に「火蛾（ひとりむし）」と題された短編がある。ある農家の若い娘、トヨの身嗜《みだしなみ》の無さを憂えた家族が、娘を人気小説家に女中奉公に出す。しかしその傍若無人、我儘勝手な振る舞いに、作家の優しい妻もついにしびれを切らして暇を出す。その後トヨは実家にも帰らず好きな俳優を探して撮影所のあたりをうろついている。火蛾はあぶない火遊びを求めて舞うトヨのような当時の若者を譬えた言葉である。完全な田舎の出ではなく、おそらくは今の東京都下の農家で育ったトヨの危なさや、そのようにだらしない娘にトヨを育てた、無駄に教育の高い小説好きの母親の様子がまるで手に取るようにわかり、小説とはかくあるべきであるという一編である。

掲題歌で人を恋うて窓に張り付いている蛾はそんな頼りなさも秘めた存在であるかもしれない。

（セランド修子）

力うせし呪言《じゆごん》のはてのかなしきを現し身は老いてなほ歌ふべし

『異類界消息』

力ある歌の言葉を甦らせて歌うべきことを、繰り返し説いている作者である。掲出歌の「呪言」をどのように解することが、より作者の志向性に添えるか難しいが、たぶん海の持つエネルギーのような、原初的な言葉に宿る霊力と考えて良いだろう。

この歌は、『異類界消息』「夏幻想」八首中の最後の歌で、作者は、バイラスの敵という花が入荷したことを告げる花舗の前を過ぎ、尾を持つ神がみの遊ぶ七月の野を越え、朝の森を抜けて、緑の汗に濡れながらひたすら走っている。走りつつ二十の若い日に聞いた風音の幻聴を聞き、人麻呂の幻影を連れ、朝霧のとざしている葛城から二上山に至る野の道を走り続ける。走る身体の全身の感覚を全開させて言葉を引きよせる。実際に走りながら思索し情念を歌の韻律へと解き放つその行為は、一見ストイックでもあるが、岡野が必然的に身にひき受けた原始体験と幻想の方法と言えるかもしれない。方法と言って良いか躊躇うけれど。

あなにやし、えをとこを
あなにやし、えをとめを
『古事記』

力ある歌の言葉の初めを思うと、国生みの神話、「島々の生成」の、伊耶那美命と伊耶那岐命の詔り交わした初めの言葉が浮かぶ。また、柿本人麻呂の、「石見の国より妻に別れて上り来る時の歌」の「石見の海　角の浦廻を　浦なしと」と詠み始められる長歌の掉尾

夏草の　思ひ萎えて　偲ふらむ　妹が門見む　靡けこの山
『万葉集』巻二

古代の人びとに信じられていた、山をも靡かせるほどの言葉の霊力、凝縮された言葉の力が思われる。

（牛山ゆう子）

握りしめて水と化《な》る歌をよしと言ひし釈迢空われはなまこ噛みしむ

『異類界消息』

第六歌集『異類界消息』所収。八首からなる連作「なまこの歌」の三首目である。初句から二句までの「握りしめて水と化る歌」とは、いわゆる「無内容の歌」。降ってきた雪を握りしめると、それは水になってしまう。実態がないからこそ際立つ冷たさ。思いだけが残るというのだ。

さて、この歌で驚いたことがある。師を詠うとき、ほとんどの作品で「師」と呼び敬語を使う岡野が、この歌の四句で「釈迢空」と呼び捨てにしているのは、異例とも言えるからだ。師・折口信夫ではなく、「釈迢空」という一人の歌人として距離を置いて歌っていると感じた。迢空と自身を対等の立場で対峙させているのではないか。

では、その釈迢空と作者とでは何がどう違うのか。結句の「なまこ嚙みしむ」のこころは何か。なまこは堅く、コリコリとして口の中で簡単には無くならない。飲み込むために何度も何度も嚙みしめるその行為こそは、岡野の作歌姿勢そのものではないか。若く非業の死を遂げていった学友や戦友たち、あるいは戦火の中で遂げることのなかった恋、敗戦の後を生きがたい思いに耐えつつ、古代の神のようにさすらった旅、親の思いを断ち切ってまで家を継がず選んだ学問の道、「死んでいくのを黙って見ていよ」と言われて、看取らねばならなかった師への尽きざる思い。これらは決して「無内容の歌」とはなり得ないのではないか。「この口やこたへせぬ口神すらも汝が愚かさを憎みましけり」と、言うことを聞かないなまこのように、岡野自身も嚙みしめても嚙みしめても無くならない思いを、歌い続けるしかないのかもしれない。自身の短歌観と作歌姿勢、覚悟を詠んだ歌である。

（森山良太）

旅の夜の夢のすべなさ病む父がほろほろと飯をとりこぼし喰ふ

『異類界消息』

病父が飯をほろほろこぼしながら食べている、なすすべのない夢を旅の一夜に見た。やるせない歌だ。「ゆく雲」八首の三首目。

食生活が多様化した現代だが、飯さえ食べられない貧しい子供達が多かった時代があった。その中では恵まれていた作者が食事の情景を思い起こすとき、傍に常に父の手があった。

幼くてあぎとふ口に飯《いひ》の粒ふくませくれし手は萎えはてつ

『海のまほろば』

神社の婿養子として神主になった父は、作者が子供の頃、夜ごと鬱蒼と巨木が茂る森の社に使いに行かすなど、過酷なほど厳しく教育した。不慮の事故で怪我をしたとき「相手に何もせずおめおめ帰って来おって」と怒り、一晩家に入れてもらえないこともあったという。幼時から厳しく鍛えることで、父自身の修行の苦労を繰り返させぬようにとの親心であったようだ（『花幾年』）。

刀《とう》抜きてわれに迫りし父の眼の蒼き怒りのよみがへる夜ぞ

『異類界消息』

紀州犬を何代もかけあわせて、たてがみを持つ古代の日本犬を作出するような豪胆なロマンと意志を持っていた父。毎年初冬になると和紙を裁って、御神符やお守り、神前の御幣、しめ縄などの紙垂《しで》を作っていた父の白衣にたすき掛けの端然とした姿。

灯のしたに幣《へい》を裁ちゐる父の背の黒きするどさ眼はなちがたし

『異類界消息』

このような壮年の姿ではなく、病み衰え、箸もうまく扱えぬ父の姿を夢に見たのは、長く病み伏していた老父の印象の強いことや、旅の夜の感傷的な気分があったろう。加えて、父の願いに背いた若き日から消ゆることのない「罪の意識」ゆえではあるまいか。

（忍足ユミ）

膝の上に琴傾ぶけてひくをとめ伽倻《かや》の都のものがたりせよ

『異類界消息』

これは伽倻琴をひく乙女を詠んでいる。伽倻琴は片膝に斜めにのせて、右手の親指、人差し指、中指の爪で弾いて弾く。「膝の上に琴傾ぶけてひく」は琴をひく様子を活写していると言える。その琴をひく乙女に、伽倻の都の物語りを聞かせて下さいと呼び掛けているのである。

伽倻の国は四世紀から六世紀頃、朝鮮半島の南部にあった国で日本では任那と呼ばれている。日本書紀によると四世紀後半に大和政権の支配下に入り、日本府という軍政府を置いた、とされるが、この任那日本府には定説がなく、伽倻諸国と同盟を結んだ倭・大和政権の使節団を指すものと考えられているようだ。ともかく、日本と伽倻（任那）や同じ頃存在した百済とは密接な関係があり、儒教も仏教もこれらの国から日本に伝えられ、日本は文化的に大きな影響を受けている。

歌集『異類界消息』ではこの歌の次に

蠟梅は夢のごとくに花咲けり任那日本府ここにほろびし

の歌が続く。この「任那日本府」は結局滅びるが、この歴史的背景を遠く思いながらの歌である。とすると、「伽倻の都のものがたり」で作者が思い描いているのは、日本と密接な関係があったころの話をしてほしいという思いを含ませているだろう。優しく乙女に語りかける歌ながら、歴史的背景を大きく含んだ歌である。

百済が高句麗、新羅の連合軍と戦うとき、日本は百済と連合して戦ったが、白村江の戦いで結局敗れる。それ以後朝鮮半島への影響力は弱まるが、この伽倻琴は日本では新羅琴と呼ばれ、正倉院に伝存している。

（沢口芙美）

わが影によりそひて立つまさびしき影ありてまた影をともなふ

『異類界消息』

私の影により添うように立っている実にさびしげな影がある。その影もまた、影をより添わせているのだ。

一首をこう解してみて、どのような情景を、どのような思いを詠っているのか、よく解らない。上句からは、作者の傍らにひっそりと立っている現し身の存在を想像することもできるが、「ありてまた」と一呼吸おいて時間的な長さが生じることで現実感は失せ、幻想的な域に入ってしまうのだ。三回使われている「影」の意に微妙な差異があるのだろう。

岡野弘彦の難解歌のひとつである。実態のある言葉は「わが影」だけであり、また連作中の一首であることも難しい理由のひとつであろう。「祖の奈落」一連八首の他の歌も見てみよう。

祖《おや》の世のまた祖の世のさびしさにくるほしきまで海なぎわたる

水無月の夜風に削《そ》がれたちつくす我のうしろにつづく夜の影

前の世のまた前の世の親の罪負ひてくるしくわが影は立つ

はるかなる祖の宿世をかなしみて彫《ゑ》れる仏の何ぞさびしき

こうして連作の中で読んでみると、「まさびしき影」は、わが父祖の、近くでは父や祖父の幻影と考えることができる。自身の影をじっと見ていると、私を溯る父・祖父・曾祖父……と、はるかなる父祖のまぼろしが累々と視えてくるのだ。これら「影」たちの、さびしさ、なげき、罪も同時に、と解したい。

『異類界消息』には掲出歌と同じような詠い方の作品が多い。

石段《いしきだ》をあへぎ登れば前《さき》の世のまた前の世の祖《おや》ぞ見えくる

これらは、釈迢空の名歌「ながき夜の　ねむりの後も、なほ夜なる　月おし照れり。河原菅原」の不思議な雰囲気にどこか似てはいないだろうか。

（小宮山久子）

若かりし父が装《よそ》ひし赤き袍《はう》着よそひて春の座になほるなり

『異類界消息』

若く張りつめた面持ちの父が凜々しく映っていた思い出とともに、父から子に伝えられるべく大切に遺されて来た袍。その形見となった赤い袍を着て、今まさに春の神事の緊張の時間を迎えている。かの時の父の面影、威儀を正した姿を思い出しつつ、と読める。

年譜によると岡野の父弘賢は田丸町の屋号「満浄寺」よりの婿養子とある。三十をすぎてからの婿養子の父は修験道に関わる神社の宮司として、霊力をしばしば訪ねてくるもの達に試され、ずいぶんな苦労をさせられてきた。が、代々の世襲をまもり次に渡す大きな役割を背負った厳しい父の姿が著書の中に散見する。また、赤い袍とは現在では神職の地位では六等級の内、二級、二級上に許される正装で宮司に許される色とある。
岡野は個人雑誌『うたげの座』第三号の「海彦と山彦」（あくまで小説であるが）に六歳ですでに正月祭祀に出仕していることが描かれている。勿論、神社での正月神事は真夜中から行われるものであり、特に雲出川源流部の川上山若宮八幡宮の凍てつく闇のなか、冠衣の正装で祭主をつとめる父を寒さに凍えながら見ていたであろう事は充分想像出来る。袍を着用するとこまごまとした用は目配せと笏を指示道具として使い、口に声を発することなく神事の総責任者を端座してつとめるとも記されている。若く凜々しかった父の面影を偲ぶ歌が『異類界消息』の「幣を裁つ」にある。

灯のしたに幣《へい》を裁ちゐる父の背の黒きするどさ眼はなちがたし
腰すゑて御幣はげしく振りさばき息せまりゐる父は老いたり
心ほほけてわがゐる時にひびきくる真夜の祭りの父の警蹕《けいひつ》

（上村亮二）

青草の蓑着て山をくだりくるかはたれ時のまぼろし父は

『異類界消息』


岡野は、師迢空の短歌論を語っている。

民俗学者でもあった迢空は、離島や山村を独り旅して、その土地の人々の現在の生活や古風な習俗を調査した。

その旅中に、自然と人生に触れて心に起って来る感動を、ひそけさ、かそけさ、というような言葉に托して表現し、句読点や字あけを用いた表記法で示した。

大正十五年には「歌の円寂する時」という歌論を書いた。これは世間で迢空の短歌滅亡論だと言われているが実は短歌を愛し短歌の蘇生を願う心から発した、するどい短歌改革の論である。（国文学第二十八巻三号　昭五十八年二月）

迢空は、みずからは結社を作らず、國學院と慶応と二つの大学での教え子のうち自然に集まってくる短歌志望者のため、「白鳥」「鳥船」などの雑誌を出して制作をうながし、短歌を指導した。

そして晩年の迢空は、短歌の中に流れている無内容の内容の意義を説く。日本民族の心意伝承の中で受け継がれて来た短歌の根底的な働きを、見とどけようとした。そして昭和二十八年死を迎える。

迢空を看取って後六十余年、旅を契機とする作歌と、挽歌への追求（倭建の挽歌以来の日本人の心の内奥）、歯をくいしばっても、新しい文学の垣の外にいて、他者の本質を把握しようとする岡野の意志の強さを感じずには居られない。（国文学第二十八巻三号　昭五十八年二月）

ところで今までの歌集名、『海のまほろば』『天の鶴群』『異類界消息』『飛天』はいずれも、立体感、浮遊感、色彩感のある素晴らしい歌集名である。冒頭の「かたみ衣」も哀しく美しい。父神官を目のあたりにして蓑のしめりをも、触感として伝わるようである。

岡野の父への贖いはすでに余りあるほどと思われる。

（岸上　展）

三井寺の閼伽井《あかゐ》がばりと水を吐き身は立ちつくす雪のひろ庭

『異類界消息』

「がばり」のことばがとても生きている。こんこんと湧きつづくのでなく何がしかの時間の後に突然に強く湧きでる個性的な井がある。自然にとっては平常であろうが、人はハッと驚く。これがまた井の、自然の神秘性を深くする。突然の変化に驚き立ち尽くした作者だが、回りは何事もなかったかの様に、元の静寂な雪の積もる庭であった。「三井寺の閼伽井」の語が彷彿させる聖と「雪のひろ庭」が静寂空間を余すところなく描き出し、作者の驚愕の深さを遺憾なく表現仕切っている。然し、これは簡単な自然詠とは自分は思わない。作者にここに至るまでの強い緊張、心の引き締めがあったからこの歌を作れたと自分は考える。

三井寺に確か大友皇子の産湯と言う伝説の井があった様に思う。これが単なる伝説や間違いであっても、皇子の名は坂本を本拠とした大友村主、その娘が乳母であったことに基づくと言われている。また近くには皇子の長等山前御陵がある。近江朝滅亡の最後の戦となった瀬田の大橋も近い。近江朝の霊を祀り、人麻呂も詣でたとも言われる寺跡を岡野先生と探して見つけられなかったこともあった。三井寺の庭に立つ岡野の頭に近江朝の滅亡があったに違いないと思う。岡野は歴史（神話を含め）の中で虐げられたものへ対して心を寄せる多くの秀歌を詠んでいる。

人麻呂は「ささなみの志賀の唐崎幸くあれど大宮人の舟まちかねつ」と永久な自然とはかない人を対照して、滅びし近江朝の人々の鎮魂をした。岡野がその人麻呂に対抗したとまでは云わない。が、心深くに溜めていた虐げられた者への思いが、その地を歩くことよって生んだ歌だと、私は思う。

旅先で歩く岡野先生は近寄り難く、私は何時も数十歩離れ、険しい背を見て歩くのが常であった。

（中井昌一）

ひもじさに二十のわれの見つめゐしかの日の湖のすさまじき蒼

『異類界消息』

『異類界消息』には、昭和五十九年六月からほぼ三年間の作品が収められている。掲出歌は、「くぐつ神」八首の中の八首目。

狂ほしくあそびすさびてなごまざる傀儡《くぐつ》の神をわが内に持つ

夜の底にくらくしづめる余呉の湖めぐれる山の雪さゆるなり

「くぐつ神」一連には、狂おしく荒んで鎮まらない傀儡の神を心に抱きながら、漂泊の旅をする作者の姿がある。その旅は余呉の湖にいたり、雪世界の夜の底に暗々と水を湛える湖の鎮まりによって漸く和むようだ。

「くぐつ神」の、遊びすさぶ作者の情動の背後には、戦いの後の鎮まり難い心の荒びがあるだろう。折口信夫『古代研究』(国文学篇)「賤民の文学」の中に、くぐつの民と傀儡子や人形舞、人形は精霊の代表者あるいは穢れの負担者であることなどが詳述されている。また、「すさぶ」からは、須佐之男命の荒ぶ魂や倭建の戦い流離う姿も想像される。

「戦争の中で統一された教育をされた者には、自分の言葉がなかった。戦中派は敗戦によってつきおとされた虚無のなかで、まずみずからの言葉を探り出してゆかなければならなかった。」(『折口信夫の記』)という岡野は、敗戦後『海やまのあひだ』をたずさえ、伊勢、志摩、熊野をさすらう旅をした。大正元年の折口が、大王崎の突端に立ち「妣の国」「常世」への実感を得たという、その同じ路をたどっての旅だった。そして岡野は、その翌年に近江をさすらう旅をしている。

掲出歌の「かの日の湖」は、敗戦の後の悲哀や虚無感に沁み入るすさまじい蒼さを湛えた琵琶湖だろう。余呉の湖に触発されて甦る二十歳の餓えの記憶が悲しい。

（牛山ゆう子）

たそがるる空に傾く忠魂碑老いたる村は暮れしづむなり

『異類界消息』

実家のアルバムに一枚の白黒写真がある。私の他に五人のランニング姿の少年が、忠霊塔の前の石段に座したり柵に寄り掛かったりして写っている。中の一人は田中君で、戦死者の遺児で少し寂しそうに見える。彼には既に新しい父が出来ていた。戦地から無事に帰還した父の弟、即ち叔父が彼の母と結婚をさせられていた。義弟の無い場合、若き母達は婿取りを課せられた。そう強いられた者は、百余軒の村の中で十は下らない。村人らは生活を立て、家の存続を図るのが先決で、忠魂や忠霊の塔の建設は二の次だったのが実情であろう。

叔父の一人は、硫黄島で戦死した。お参りした時、「兄いちゃん。箱の中は、木切れしか入ってないだよ」と四歳の娘が云った。その大人びたもの言いに驚かされた。今思えば、祖母の口調そのものであったと思う。再婚しないまま叔母は一昨年に夫の墓へ入った。子供が女ばかり三人であったため、舅姑や親戚が男の児が出来て、よその血に換るのを恐れたためである。半ばお仕着せに造られた忠霊塔であり、忠魂碑であったと思う。でも今もなお盆過ぎに、供養会が営まれ孫らが四、五十人集まると言う。理由は分からないが、「忠霊塔」の文字の左下に「天台宗座主大僧正　慈鐙書」とある。が建立の年月は、何処を探しても見当たらない。

『異類界消息』の中のこの歌も異類の一首だと私は思う。霊を魂、塔を碑になっているのは、抹香の匂いを消し、塔の響きが明るく切迫感を欠くからであろう。「傾く」は実景よりは心象である。「老いたる村」は遺族の老化終焉、過疎化、伝統的生産や倫理の断絶を言う。碑は地下からの霊の孤影の起立である。過世を森閑せしめている。異類の世界を解し歌えるのは世に岡野、ただ一人のみであろう。

（中井昌一）

地に深くひそみ戦ふ　タリバンの少年兵を　われは蔑《な》みせず

『バグダッド燃ゆ』

二〇〇一年九月の同時テロ直後から、米国はアフガニスタン攻撃をしてタリバン政権を倒した。大量破壊兵器の隠匿を理由に米国ブッシュ政権がイラク戦争に踏み切ったのは二〇〇三年三月である。その後大量破壊兵器の存在はなかったことが判明するが、同年四月には米国は、念願通りフセイン政権を壊滅し、フセインはその数年後に死刑判決を受け、処刑されている。掲題歌はそのイラク戦争さなかに作られたものである。

タリバンは九〇年代の初めにソビエト軍のアフガン撤退後にパキスタン北部で生まれたイスラム教の一派で、女性や少数民族の差別虐待を含む人権侵害性の高いシャリーア法に従った政権を今でも司っている。歌の中の少年兵もイスラムの法を教えるマドラサ（学校）で恐らくは教育を受けている。その少年兵を作者は軽蔑することができない、と詠んでいるのである。

タリバンと聞くと自分はその女児差別と虐待の歴史を先ず思ってしまい、最初に読んだ際はこの歌に一抹のナイーブさを感ぜずにはいられなかった。しかし大きな国の変わり目にあたって、それに対して反応をし、答えるという短歌の、日本史の中での役割を思うとき、また、現代ではそれが世界全体への応答となるべきなのかもしれないという、歌人の役割を思うとき、「タリバンの少年兵」という語は、短歌の形式であるが故の別の意味を持つものとなる。つまり作者の中で、かつての自分と重なるものが、長い歴史を背景に負った形式でこの時期に詠まれたということである。

「地に深くひそみ戦ふ」は、何もわからない年齢からある教えに洗脳され、真っ暗な中で懸命に戦っている、人間の根源的な罪に翻弄される哀れな子供の姿を詠んでいるのかもしれない。

（セランド修子）

閻魔堂、姥堂の壁朽ちはてて、排仏の後《のち》を　人はすさめり
『バグダッド燃ゆ』

第七歌集『バグダッド燃ゆ』の巻頭近く「廃仏棄釈の跡」に載る。一連十六首には次のような詞書がある。

近代初頭に吹き荒れし廃仏棄釈のあとをたづねて、立山信仰の故地、越中芦峅《あしくら》寺に至りぬ。明治政府、一夜にして神仏習合の古俗を廃す。すなはち堂は破れ屋は朽ちて、無慚のさま、心冷ゆるばかりに今に残る。

わが国に伝来して以来、日本古来の神と融合しながら信仰の中心となっていた仏教に対して、明治政府は神仏分離の令を発した。その際、全国各地で大がかりに寺院、仏像、仏典などが破壊、廃棄され、僧侶の還俗強制などが起きた。越中の霊山、立山に登拝する山岳信仰の本拠地、芦峅寺も例外ではなかった。

詞書はこうした歴史を語り、昭和の世になって訪れ、荒廃したままの寺の堂宇に深く心を痛めている作者の姿を描く。

掲出の歌は、芦峅寺の重要な宗教行事「布橋灌頂《ぬのはしかんじょう》」を想起させる。各地から集まった多くの女人が、禁制の登拝に代わり死装束で閻魔堂に籠りわが罪を懺悔する。その後、裸足目隠しで白布の敷かれた橋を彼岸へと渡り姥堂で悟りを得たのだという。それほどに篤かった信仰も廃仏棄釈ののちは再興することなく、堂は荒れ果てたままで、人々の心も荒々しいものになってしまったというのである。

岡野の嘆き、憤りはそれに加えて、時の為政者によって強制的に人々の信仰心が抑えられてしまったことに対しても向いていく。一連には次のような歌もある。

司人《つかさびと》　世をあなどりてふるまへる　すさびをすらや　人は責めざりき
親の世の　明治を憎くおもはねど　司人は　大き過ちをしつ
物部守屋　もはらにふるまふを　おろおろと　ただ耐へゐたる民

（小宮山久子）

老いの身の　眠りに入らむあかときに　顕《た》ち迫りくる　ビンラディンの貌

『バグダッド燃ゆ』

連作「髯白む夜々」から。掲出歌の初出は『短歌研究』二〇〇二年一月号。ビンラディンが首謀者とされているアメリカ同時多発テロが発生したのが二〇〇一年九月十一日。その報復として、アメリカを中心とする有志連合がアフガニスタンへの空爆を開始したのがテロの翌月の十月。アフガニスタン戦争が始まったこの当時、筆者はまだ小学六年生であったが、各メディアで頻繁に「ビンラディンの貌」が報道されていたことは覚えている。同級生たちもなんだか興奮気味に「ビンラディン」「ビンラディン」と言っていた。というわけで、筆者にとって「ビンラディン」は遠い国の、ひげもじゃの悪人にすぎないのだが、作者にとっての「ビンラディン」とは何者であろうか。

岡野は『バグダッド燃ゆ』の劈頭近くにおいて「地に深くひそみ戦ふ　タリバンの少年兵を　われは蔑《な》みせず」と詠い、同じ歌集では「ひげ白みまなこさびしきビンラディン。まだ生きてあれ。歳くれむとす」とも詠んでいる。「日本人はもっと怒れと　若者に説きて　むなしく　老いに至りぬ」とか、「国敗れて　身をゆだねたるアメリカに　いつまでも添ひて　世を狭めゆく」といった風に、「戦中派」（『バグダッド燃ゆ』「あとがき」）として対米追従の戦後日本を慨嘆する『バグダッド燃ゆ』の岡野。だから、アメリカに祖国を侵されようとしている「タリバンの少年兵」に共鳴できるし、情けない戦後日本を糾弾するかのように「ビンラディンの貌」が「頭ち迫」ってくるのだ。現下の日米体制を自明のものとしている筆者に対して、「ビンラディン」が掲出歌のごとき社会詠を詠えと迫ってくることはない。戦争を自己の心象と同一化させて詠むことなど、筆者には不可能である。「ビンラディン」はあまりに遠い。

（小長井涼）

歌こそは慨《うれた》みの声。人みなの廃《すた》れゆく世に　黙《もだ》してあらめや

『バグダッド燃ゆ』

『バグダッド燃ゆ』の「歌こそは慨《うれた》みの声」十首中の九首目。日本の伝統的な詩型である短歌こそが自分の憤る声を伝えてくれる唯一のものである。日本人皆の心が衰えながら堕落してゆく今の世の中に生きていて、この現状に私は黙っていられるだろうか。いやそうはいかない。だから私は敢えてその慨嘆を歌い続けるのである。

世界中で戦禍が続く中、イラク戦争を契機とした憤り、戦争体験の記憶、神話の時代から培ってきた日本人や日本社会の美徳や情熱や含羞が滅びに向かうのに耐え切れぬ思い、それらを歌で憤り、嘆くのが特色の歌集である。歌人の成瀬有は「単に嘆くのみではなく、嘆き攻《う》つという〈気概ある慨み〉としての

再生」の歌集だと記した。

上二句の切なる思いは師の折口信夫から受け継いだものである。それは『折口信夫伝』では「その（短歌）作品の中に時代を憤り、時流を批判する心から出たものの多いことに驚かされる。折口にとって早くから、歌は慨みの声であった」と語られた。また迢空短歌には「二千年にもおよぶ日本人の情念のしらべとしての歌の力」があり、そこに「国学者としての慨みの思い」が表れているとも説かれた。

「戦後五十年、すっかりアメリカ一辺倒の国民になってしまった。こんなに、自分の心で考えない国民は、他に例がないでしょう。」これは福島泰樹との対談集『祖国』での発言だ。歌集巻頭には「日本人はもつと怒れと　若者に説きて　むなしく　老いに至りぬ」「食ひ飽きて　心はむなし。老いも若きも食あげつらひ　ほほけゐる国」などがあり、平和ボケした日本社会と日本人を歌で「慨む」方法を駆使して成瀬の語る再生を願うのである。自国の利益や独裁的支配を最優先する為政者が増えた世界の現状を踏まえ、それでも歌の力を信じたいというのが、すでに九十歳を越えた岡野の願いだろう。　（棗　隆）

聖戦《ジハード》をわれたたかふと発ちゆきて　面わをさなき者ら　帰らず

『バグダッド燃ゆ』

聖戦を戦う尊さを信じて出発した、まだ幼い顔をした若者が帰らない人となる――。作者は「をさなき面わ」にかつての自分と戦友とを見ているのだろう。

著書の『悲歌の時代』の前書きには「同時代の死者の魂を、これほどにおろそかにした時代は、過去の日本人の心の歴史には無かった」と書かれている。作者は世界で繰り返し起こる戦いに自らと日本のかつての姿を重ね合わせ、死者の魂をおろそかにしない心を詠むことを歌人としての使命と感じているのではないか。

同じ『悲歌の時代』の「戦場と教室」という随筆の中では、自らの小学校時代、教室の真正面にかけられていた一枚の額が触れられている。これは「爆弾三勇士の歌」の絵で、中国の廟行鎮という戦場で、敵陣への突破口を作るために自爆した三人の工兵一等兵を讃えた歌である。昭和七年にポリドールレコードより発売され、驚くべきことに与謝野寛が詞を書いている。今や簡単にネットで聴けるため、再生してみたが、聞くに堪えない、右翼宣伝カーの軍歌調である。

タリバン兵を「蔑《な》みせず」と詠んだ同じ心の寄せ方を作者がここでしているのは、かつて自らが受けた教育の経験があるからである。

わが友の面わ　つぶさに浮かびくる。爆弾を抱く　少年の顔

「バグダッド燃ゆ」

昭和七年小学校二年生であった作者らは、テレビも雑誌もない環境で、廊下に障害物を置いて爆弾三勇士ごっこをしていた。自爆を「教育した」日本と、本当に子供が自爆に使われるボコ・ハラムやタリバンの現状とは、差があるかもしれない。しかしその差は短歌の中で縮められているという気がする。

（セランド修子）

草木にも　やさしくやどるわれらが神。敗れし後も　疑はずゐむ

『バグダッド燃ゆ』

「バグダッド燃ゆ」の一連やその時期の岡野の短歌は私にとってちょっと衝撃的であった。イラク戦争当時、日本のマスコミはサダム・フセインを悪者にし、米軍ほかの多国籍軍のイラク攻撃を批判することはなかったと思う。しかし、岡野はアメリカを批判する。

イラク侵攻は二〇〇三年三月二十日、そして本作は「歌壇」誌同年五月号に掲載された。岡野の強い思いが感じられる。太平洋戦争末期に兵となり、同世代の友を多く失い、また、敗戦国のありさまを体験した者にとっては、黙ってはいられなかったのだろう。

本作は「敗れし」「疑はずゐむ」の主語がいろいろ考えられてむずかしい。

何度か読み返すうちに二つの手がかりのようなものを見つけた。この一首の前には「信篤き大統領は　異教徒を　屠《ほふ》りつくして　こと足るとせむ」がある。この二首は同じ助動詞「む」でおさめる対の歌にも見える。こちらの「む」は推測だが、「草木」の方も単なる作者の意思ではなさそうだ。そして、もう一つの手がかりは「われら」である。これを下句の主語とすると「私達は（太平洋戦争に）負けた後も、（私達の神）を疑わずにいよう。」と読めそうだ。「む」は意志だけでなく誘いや呼びかけとなっている。

この一首のむこうには、折口信夫の敗戦についての考えが問いとして存在しているのだろう。岡野はその著書で「日本の神が、キリスト教の神に敗れたのだとする考えは、すなわち日本人の信仰心が、キリスト教国の信仰心に敗れたという自覚である。」（『折口信夫伝』二〇〇〇年）と記している。

戦争の本質は、資源と市場の奪い合いだと考えている私などにはなかなか実感できないのだが、「草木」の一首は、折口の詩「神　やぶれたまふ」（『近代悲傷集』）のなかの「過ぎにけるあとを　思へば／やまとびと　神を失ふ——」の一節への岡野のこたえではないか、と思えるのである。

（上條雅通）

同級の友板倉震大尉、かの日特攻隊を率ゐて、ここを発ちゆきし

特攻機つらねゆきたるわが友の　まぼろし見ゆる。天《あめ》のたづむら

『バグダッド燃ゆ』

二度と帰る事のない特別攻撃の隊。いまだ二十歳にも至らぬ若者達を率いて飛び立っていったわが友の面影がまぼろしに見えてくる。群れなして飛び去り天駆けてゆく鶴の群れよ。

巻末の初出一覧によると「万羽の北帰行」は『青磁社通信』二〇〇三年四月とあり『天の鶴群』一九八七年発表の後十六年をすぎて再び鹿児島県出水市を訪れて詠まれていることが解る。

岡野は、一九四三（昭和十八）年國學院大學予科に入学。この年、学徒出陣が挙行されている。翌年、戦況の悪化の中で同級生板倉震《とおる》の「我々が命を犠牲にしても戦場に行って戦うよりほか、日本を守る方法はないだろう。」との思

いに共感し「陸軍特別操縦見習い士官」へ志願を思い立つ。書類を三重県の郷里の役場に申請すると、役場から特別に知らせを受け、慌てて上京してきた父に「勘当」とまで言われ、一晩説き伏せられて思い止まらねばならなかったという。同級の板倉震大尉は四五年四月に沖縄方面で特攻死を遂げている。

題詞には同級の友・板倉震大尉の名がある。岡野が長い間、生き延びてしまった命への悔恨と板倉大尉への深い鎮魂、そして数限りない若くして死んでいった同世代への「慨《うれた》み」を心に重く抱きながら生きて来た事は、言葉の端々、歌の数々から充分に窺える。

この歌以降、板倉震大尉の名前を幾度も聞くようになった。「若く死んだ未完成の魂は、その名を何度も口にのぼせてやらねば安まらない。」の言葉が、現在も岡野の心に悲しみと共にはたらき続けていると思わずにはおれない。本当に力を持った言葉として歌が有ることを思い知らされる一首である。

（上村亮二）

ただ独り　天つさ霧の中ゆきて　弥勒のごとく　われはさびしゑ

『バグダッド燃ゆ』

「わが原初《はじめ》のうた」一連二十六首の冒頭歌。詞書と、序歌というべき『滄浪歌』の一首が添えられている。

国敗れて明けの年、伊勢より大和・山城を過ぎ、近江の春をさすらふ。
―ちりぢりに家族さすらひゆくさまを最も清きまぼろしに持つ―

右を心に措いた上で掲出歌を読むと、次のような意になろうか。

父母も妻子もいない孤独の身で、濃くたちこめている天の霧の中をさすらっている。その私は、ひとり兜率の天上で未来を待っている弥勒菩薩のように、何と深くさびしいことよ。

一連は以下、詞書のような、復員後の虚しい心を持って伊勢の家を出てから近江へと、一ヵ月余を漂泊した折の思いに詠み進められるのだが、この一首はそれらを超えて屹立している。「弥勒のごとく」のフレーズが美しく響いてくるのである。広隆寺弥勒菩薩の半跏思惟像が目に浮かぶせいかもしれない。

岡野弘彦には珍しい直喩で詠われる「弥勒」は、釈迦入滅後五億七六〇〇万年に、衆生をことごとく済度する仏になるべく兜率天に待機している菩薩であるという。しかしこの未来仏の在り方は、衆生の苦しみ、悲しみを思いながら、未来永劫その手を差し伸べられないのである。その虚しさやさびしさを、岡野は我が「さびし」さに重ねているのであろう。

岡野の歌には仏名や仏教信仰に関した用語が時々現れる。が「弥勒」はこの歌集が初出と思われる。次には第八歌集『美しく愛しき日本』に「白鳥は来るであらうよ。永劫の弥勒の花の　咲きいづる世に」がある。

（小宮山久子）

ながらへて　八十《やそ》の命の花あかり。老い木の桜　風にさからふ

『バグダッド燃ゆ』

戦時には死ぬべきであった命、その後の様々な体験をしながら生き永らえて八十歳を迎えた命、その命は今、満開の桜の花のほのかな明かりをうけている。老木のこの桜木は万朶の花を咲かせながら、吹いてくる風に逆らって泰然と立っている。

「ながらへて」に作者の万感の思いがこもっている。戦争には特攻隊になって国に命を捧げようと志願したものの、父の説得で、学徒の兵となり、東京大空襲の惨事を経験する。共に志願した友は死に、同世代の多くの人が戦死した。その中を生き残ってしまったという罪悪感に苦しみ、戦後の生活を経て、八十歳をむかえた。「ながらへて」の一言に含まれている作者の思いの深さに打た

れる。更にその命を祝福するように桜の花あかりを受ける。それは又、命のあかりでもある。二句から三句への簡潔で広がりのある展開が素晴らしい。下の句、木は作者の年齢に合わせたように「老い木」。老木ながら、やすやすと風に靡きはしないのだ。八十歳の老齢にして尚、安易に世間の動きに靡きはしないと言う凛とした抵抗感を表している。「ながらへて」と万感の思いを込めて詠いだし、「風にさからふ」と姿勢を正して詠い納めている。

岡野に桜の歌は多い。空襲で周囲が瓦礫となった中に咲いていた桜を見て、桜を美しいとは思うまいと心に決めた時から、桜への思いは少しずつ変化するが、桜の歌の変化を辿るだけでも容易に岡野論が書ける。しかし、多くの桜の歌で私はこの歌が一番好きであり、随一の名歌だと思っている。

この歌集『バグダッド燃ゆ』から岡野は歌の表記に字空け、句読点を使いだした。表現の苦しみを経ないで安易に句読点を使えないと、禁じていた用法を長い作歌経験の果てに用いはじめたのだ。歌はすっきりとして、内容がグッと深くなったと思う。

（沢口芙美）

をみなごよ。内は洞ほら　外は統ぷすぷ。肌へ寄りきて　われを抱かね

『バグダッド燃ゆ』

おとめよ。外は窄んでいるが、うちは洞になっている精妙な女体を持つあなたの、その清らかな肌をよせてきて、私を抱いてくれないか。

歌を解釈すれば、こうなるだろうか。

「内は洞《ほら》ほら・外《と》は統《す》ぷすぷ」一連十五首の中の歌である。大国主神の国造りから国譲りまでの話と敗戦後の作者の放浪の体験を絡ませた一連である。下の句に男の願望が率直に詠われていて、艶《なま》めかしい歌になっている。

初めてこの歌を読んだ時「内は洞ほら　外は統ぷすぷ」の表現の新鮮さに驚いた。出典は「古事記」上つ巻の大国主神の事象をかたる〈根の堅州国〉の中にある。草原で火に巻かれた大国主神に鼠が出てきて「内は洞ほら外はすぶす

ぶ」と囁く。そこで大国主神が土を踏むと穴があり穴に這入って火の難を逃れたという。又、この言葉は女体の精妙を称える古い諺らしいが、女性器を暗示して随分あからさまでもある。ただ嫌らしさを感じないのは「ほらほら、すぷすぷ」の単純な繰り返しとハ行音の柔らかさ故であろう。

歌人は新しい歌語を取り入れるのに腐心する。外国の文学や映画、歌などをとりこんで、短い詩型の革新を図る。しかし、古典もまた豊かな土壌であることをこの歌は教える。万葉集、古今集、新古今集などの歌は時折生かされているが、自己の表現に古事記を自在に生かすことが出来るのは、現歌壇では岡野弘彦が随一であろう。この表現に作者は自信を持ったらしく、他の歌にも使っている。

み祖神《おやがみ》　内は洞《ほら》ほら　外は統《す》ぷすぷ　われの十月《とつき》を　はぐくみましき

『バグダッド燃ゆ』

やは肌の　内は洞《ほら》ほら　外《と》は統《す》ぷすぷ　男の魂のうつつなきまで

『美しく愛しき日本』

（沢口芙美）

ガンジスの夜半《よは》の川岸。人を焼く火《ほ》むらくづれて　また立ちあがる

『バグダッド燃ゆ』

連作「インドの河」より。掲出歌は聖地ヴァーラーナシーを訪ねた際のものである。作者はここで火葬場を訪問したのだろう。当地では川岸で遺体を火葬したのち、その遺灰をガンジス河に流すのである。一部の場合では水葬することもあるようで、連作のなかの「近ぢかと浮きて流るる　幼な児のむくろ　かすかに眼をあきてをり」は、水葬された子どもを詠んだものだろう。

掲出歌においては、三句目以降の描写から作者の力量を強く感じることができる。遺体を焼く炎はいったん形を失う。しかしまた力強く「立ちあがる」。この炎は死と再生を象徴しているかのようであり、清々しさのようなものを覚える。連作には「ためらはず口すすぎ　水をささげ飲む。このいさぎよさに

ならふすべなきか」という一首がある。死者を葬る河、ガンジス。その水を「ためらはず」口にするヒンドゥー教徒に、死をも超克した「いさぎよさ」を作者は見ている。作者は死の向こうにある清々しさ、「いさぎよさ」を希求しているのではなかろうか。

遺体を焼く火――ここから作者の「枕木をかさねし上に友のむくろつみあげて火を放たむとする」(『冬の家族』)を想起することは奇矯ではあるまい。周知のとおり、終戦の年の四月、空襲を受けて死亡した兵士や軍馬の処理をした体験が、岡野の記憶に深く刻みこまれている。『バグダッド燃ゆ』の「あとがき」には、「イラク戦争が起こり、戦中派として生きた時間が、ふたたび重く身によみがえるような思いがしきりであった」とある。掲出歌は、イラク戦争とも太平洋戦争とも直接には関係しないが、『バグダッド燃ゆ』の中で読むとき、戦争と関係づけずにはいられない。記憶の傷は無関係のとき、ふいによみがえる。そしてその傷は超克し得ない。

(小長井涼)

わが友ら　身にしむ軍歌うたひゆき　野末の石となりて　果てにき

『バグダッド燃ゆ』

多くの友人が軍歌を歌い戦地に赴き次々と国のために命を落していった。哀しいことに再び誰ひとりとして遂に祖国に帰ることはなかった。荒寥とした野に屍を晒し、路傍の露と果てたのである。更にその若者達の最期を知る人とてない。

年譜によると学友と陸軍特別操縦士官を希望したが父の猛烈な反対に会い断念するとある。父の反対がなかったら恐らく自身も友と共に野末の石となり果てたであろう。人の運命を左右するのは、紙一重の行き違いによりその一生が決せられる。戦時下においてはなおさらのことであろう。未来のある多くの若者達が祖国や父母を守るために潔く戦場に身を投じたのである。

だが満州や南方に送られた兵士の多くは、消耗品の如く扱われたという。とくに満州においては将校の汚職が横行し、五族共栄とは名ばかりで、ただの謳い文句に過ぎなかったのである。また南方に送られた兵士の最期は飢えや病に苦しみ、果ては手榴弾を握らされ自爆を余儀なくされたとある。まさに聞くに耐えない深い哀しみであった。

この話は満州及び南方より命からがら生き延び、帰還した方の貴重な証言である。なぜか兵士のなかには戦後その地にとどまり、祖国に帰ることはなかった人もいたと述べている。

死ぬべき日　死に遅れたる悔いもちて　すべなき命　まだ生きてをり

『バグダッド燃ゆ』

枕木をかさねし上に友のむくろつみあげて火を放たむとする

『冬の家族』

この二首はとくに戦場の露と果てた、友人や戦死者への弔いとして詠われている。思えばこれらの哀しみは言葉にいい表せないほどの切なさであり、生涯忘れることのできない心の傷みであろう。

（三本松幸紀）

磔刑《たくけい》の身を反らし立つ　列島弧。血しほに染めて　花さきさかる
『美しく愛しき日本』

弧をなす形の日本列島を、はりつけの身を反らして立つ姿、と捕え、北上する桜を流れ落ちる血しほに喩えた、「火山列島の桜」の一連中の一首である。同趣の作も数首見られるが、いずれも表題作の強さには及ばない。一句と四句の言葉のインパクトが、この作の印象をより強調するからであろう。

弓なりに　身をひきしぼる列島を　咲きさかのぼる　桜前線
『バグダッド燃ゆ』

列島をくれなゐ深く北上す。桜前線も　ミサイル弾も
「ミサイルと桜前線」

磔刑の形くるしき列島を　血に染めてゆく　桜前線
「骨うづく夜」

磔刑、の言葉から連想されるのは、人間の罪を贖うために磔刑となったキリストの姿であろう。火山列島であることの罪を自ら贖う姿として、岡野は磔刑を連想したのであろう。流れ落ちる血しほに桜を重ねて。確かに、死と血は桜の隠された属性ではあるのだが。

火山列島としての日本を強く意識したのは、やはり、先の東日本大震災の故であろう。「美しく愛《かな》しき日本」の一連「(二) 火山列島に祈る」の小題からも、その作品からも思いは伝わってくる。

山は裂け　海や死にする　人や死にする
死すれこそ　人は祈りて　ひたぶるに生く

この島に流れついた太古の民から、今日に至るまで、くり返しなされてきた嘆きを、自ら贖うために磔刑の身を反らして、日本列島は立っているのである。そして、桜もまた。

かなしみを内にひそめて　ほむらなす咲きかがよへり　日本の桜
「火山列島の桜」
(桑山則子)

高千穂の夜の神楽にまぎれ入り　世を去りゆかば　たのしからまし

『美しく愛しき日本』

イタリアのフィレンツェ、ミケランジェロのダビデ像の前に立つ作者。傍らには、レオナルドよりミケランジェロが好き、と言う少女がいる。「わがダビデの像」は、二〇〇九年「短歌現代」一月号に発表された作品で、ルネサンスのダビデ像から高千穂へと想念がダイナミックに自在に飛んでいる一連だ。

掲出歌は、二十五首中の十五首目。『美しく愛しき日本』には、二〇〇七年から二〇一二年の作品が収められていて、岡野の八十三歳から六年間ほどの時期である。

トスカーナの秋の野山を馳せぬけて　翼生えくる　わが脛こぶら
八十《やそ》のなかば　アキレス腱を断ちしより　なほ健やけし。わが脛こぶら激しい痛みに耐えて、「なほ健やけし」と歌う精神力が凄い。「わが　ダビデの像」の作者は、必ずしも身体を伴って走っているのではないかもしれないが、トスカーナを走る作者の姿に、エッセイ集『華の記憶』(淡交社)のドイツのローテンブルクやデュッセルドルフを走っている姿もオーバーラップする。

神話の邇邇芸命が天孫降臨したという高千穂は、真名井の滝や高千穂神社、天岩戸神社などのある不思議なパワースポットだと思う。神話と伝承が現代に融合し、暮らしのなかにふと非日常の扉を開くような夜神楽。天宇受売命の踊りや手力雄の舞、御神体の舞など、厳粛な雰囲気を保ちながらも大らかで開放的でもある。掲出歌は古典の反実仮想の修辞が用いられ、叶うべくもないことを知る作者の心に、夢のような願望が浮かんだようだ。

(牛山ゆう子)

ミサイルが空ゆく日なり。うら若き阿修羅の像を　われは見にきつ

『美しく愛しき日本』

二〇〇九年四月五日午前十一時半、北朝鮮がミサイル発射実験を行った。桜の花見客でにぎわう上野公園を歩きながら、八十五歳の岡野弘彦は不穏な春の空を仰ぐ。その日は、上野の東京国立博物館で開催中の「興福寺再建一三〇〇年記念　国宝　阿修羅像展」を、日本芸術院会員の招待客として観賞する日だった。「われは見にきつ」に、久々に阿修羅像に逢える胸のときめきが感じられる。

岡野弘彦はすでに第一歌集『冬の家族』の巻頭四首目に、

うなじ清き少女ときたり仰ぐなり阿修羅の像の若きまなざし

と清冽に歌い、代表歌の一首と言われている。現に今期の展覧会のぶ厚い図録

の解説にもこの歌が引用されているほどだ。

では、若き日からおよそ数十年を経て、阿修羅はどう歌われたか。

たたかひの果てのこころの鎮まりに、阿修羅の面は　かくもしづけき

島のいくさに　むごく果てたる友の顔。つね若くして　われを責めくる

悔しきは　碧落の涯にたたかひて　阿修羅のごとく　われは死なざりき

かつて、「阿修羅の像の若きまなざし」、と憧れをこめて歌った岡野は、阿修羅の静かな眼差しに戦死した友や、生き残った自分への責めを見出だす。その自分の心の修羅を慰めるのはやはり桜だ。

われつひに　修羅におちゆく身なれども　桜を見れば　心なごみぬ

ミサイルはまだ放たれず。日本の桜のあはれ　胸にしみくる

桜はいつまで日本列島に咲き続けるか。二〇一七年九月十五日北朝鮮が発射したミサイルは、襟裳岬沖二〇〇〇キロに落下した。

（秋山佐和子）

子ら六人《むたり》　今日を最後と歌ふゆゑ　われもうたへり。明治の校歌

『美しく愛しき日本』

「ふるさとの校歌」の連作より、在校生と老いた卒業生の交歓が温かく詠まれた一首。作者が通った小学校が廃校と決まり、六人きりの児童が、明治時代から続く小学校の校歌を歌うのも今日が最後になってしまった。一緒に歌う作者の眼裏に自身の小学生の幻影がうかび、それにつれて次々と思い出されることがあっただろう。

入学式のあと、当然の礼儀と思って御遊戯の相手の頰にキッスをしたことが騒然と伝わり、相合傘のいたずら書きが村中に及んだ事件で始まった小学校時代。村の子供の多くが飢えていた。ある子は弁当を分けようと言う作者に、茅萱《ちがや》の穂や甘根が食べられると教えてくれた。村の子は目白捕りの仕掛けを教

えてくれなかった…。

「なつかしい思い出とからみあって、随分つらい思いもわきあがってくる。…子供というものは、その表情や動作がどれほど明るく楽しげにみえようとも、すでに心の奥に、それぞれの悲しみの種を宿して生きているにちがいない」(『花幾年』)。

八十代の作者と共に校歌を歌う子供たちの中には自身の少年時代を重ね見るような少年もいる。

給食の銀杏の碧《あを》いとほしみ　子は掌《たなそこ》に　いつまでも持つ

過疎すすむ　山の七つの村を合はせ　子ら百人の小学校建つ

ゆたかなる未来を開く者のため　われはつくりぬ。あらた世の歌

七村の合併により「美杉村」となり、昔の川上尋常小学校は児童百人の美杉小学校に統合され、作者は校歌を作詞している。

だが調べてみると、かつての一志郡八幡村は美杉村から現在は津市の一部になっている。急速な時代の進行に呆然とするが、土地の記憶を次代に引き継ぐために、短歌は重要な役割を持っている。

(忍足ユミ)

戦場を生きてかへりし若者ら　穿山甲《せんざんかふ》のごとく　街ゆく

『美しく愛しき日本』

戦場を辛うじて生きぬいて帰還した若者ら。まるで、体を黒褐色の鱗に覆われ、前足に鋭いかぎ爪をもち、昼間は穴に隠れ夜出てアリなどを食べる穿山甲のように、街を軍隊靴で歩く。

岡野弘彦の八十代後半の第八歌集『美しく愛《かな》しき日本』の「美しく愛しき日本（一）大和しうるはし」五十首中四十一首目の歌である。明日香、二上、三輪、初瀬、葛城……と古事記の悲歌の世界を現出する歌群の中に、胸の中をよぎって止まない次のような歌が、ひっそりと置かれている。

戦《いくさ》より生きてかへりし魂の　いまだ現実《うつつ》にあらぬ　すべなさ

たどりゆく道の隈ぐま　おもかげに顕ちて責めくる　亡き友の顔

戦ひてわれら敗れぬ。たましひは　大和島根の空を　さすらふ
友多くかへらざりけり。焼け原の丘に残れる　大学の門
生きゆかむすべ失ひて　いくさより帰りし友が　また命絶つ

岡野弘彦は著書『折口信夫の晩年』（昭和四十四）に、「戦場や軍隊で身につけた荒々しさと、敗戦の虚無感をまだ拭い去ることのできない若者が、削げた頬に鋭い不信の眼を光らせ、半長靴で床板を踏み鳴らして歩いていた。」と綴り、そうした青年の魂の理解者として師釈迢空の詩集『現代襤褸集』の「日本の戀」を引く。

　青年の神経は　蝙蝠のやうにうら枯れ
青年の容貌は　穿山甲のごとく這ふ
　生きがたい島の日を　生き戻り
青年の血液は、唯一疋のおほ蜥蜴だ―。
悲しむにも　怒りを以て表情する―。

戦場から帰った青年を、迢空は蝙蝠、穿山甲、おお蜥蜴に譬える。岡野弘彦が終生胸内にとどめて歌うことを予言するかのように。

（秋山佐和子）

凶まがと火を噴きあぐる列島に　漂《よ》りきて住めり　太古の民ら

『美しく愛しき日本』


大海原の西の端、北から南から大きな海流が流れ寄り岸を洗う位置に列なる小さな島々、それが日本である。

流れ寄ってくるのは海水だけではない。地表そのものも日本めがけて押し寄せてくる。

太古、新天地を求め、或いは故国を追われて海に出た人々が海流に乗って辿り着いた島々。そこは富士山だけではなくいくつもの山々が火を噴いているところであった。噴火噴煙は今でも農作物や住民に甚大な被害を与える禍事であるが、時代を遡れば遡るほど影響は大きくなる。それでも、最早ここしかないと言う思いで船を下り住み着いた人々がいた。われわれの祖である。

「美しく愛しき日本（二）火山列島に祈る」五十首はこの歌から始まる。元々安全安心などないこの国に何故か漂り着いて住み始めた人々は山の火を神と崇め、様々な波を神と祀り決して油断せず日々の営みを続けていた。それでも降りかかってくる禍は仕方のない事である。わが祈りの足りなさである。と思わねば暮していけなかった祖たちの心を岡野は思っている。

二〇一一年三月の大震災を経て、この列島に住む人々の思いを、改めて詠い起している作品群である。只今この時の歌もあれば遥かな歴史を思い起こす歌もある。震災は今起こった。しかしこれは太古から繰り返された禍でもあるのだ。その視点が作品に一過性でない厚みをもたらしている。

海やまのせまる狭間にせぐくまり　幾世を生きし　一族《ひとぞう》の裔《すゑ》

オサマ・ビンラディン　この世にすでに亡し。桜ののちの　庭のさびしさ

満天の星　海原に花ひらき　一湾の魚　こよひ眠らず

（工藤こずゑ）

日本人はもつと執ねく怒れとぞ思ひ、八月の庭に立ちゐる

『美しく愛しき日本』

日本人はかつて体験した無差別都市空襲、原爆投下された事に、もっとしっかり怒りをもてと心に思い、原爆忌終戦の日のある八月の庭に立っている。作者は時折、怒りの詞をもって歌を詠む。現代の短歌界においては希有の存在である。歌に込められた作者の深い悲しみと怒りのすさまじさに触れるたび、漫然と生きている筆者は自身の思いの浅さにたじろぐばかりである。これは、戦争体験をした者だけにある特別な情念の発露と言ってもまだあまりあるものであろう。掲出歌の後には、

原爆の怒りをすらや、みづからのあやまちの如く言ふに　おどろく

の歌もあり、怒りをまさしく保ちがたい現代の日本人の感情の淡さを嘆く歌を

詠んでいる。

先の歌集『バグダッド燃ゆ』の直後、福島泰樹との対談『祖国』（二〇〇五年　鳥影社刊）において、

「少なくとも勝ったアメリカ人は、我々よりもずっと執念深く、自分の国の死者、敵国の死者を忘れていない。負けたわれわれは自分の国の死者への思いも淡いものに風化させてしまっている。」

との発言がある。掲出歌の嘆きの一端を見る思いである。

釈迢空の歌集『海やまのあひだ』には、
うつそみの人はさびしも。すさのをぞ　怒りつつ　国は成しけるものを
の歌があり、下地としているとは、言が過ぎるか。

しかし急激な経済成長と大量のアメリカ風文化にさらされて、退化していく日本人の心に対して、自らをむち打たせつつ歌い出される数々の歌を、私たちは心に深く刻まねばならないと思う。

（上村亮二）

美しくかなしき日本。わが胸のほむら鎮めて　雪ふりしきる

『美しく愛しき日本』

本書『美しく愛しき日本』は、東日本大震災から一年後の平成二十四年三月十一日に、角川書店より発行された。多くの生命を奪い、住宅と町と美しい自然を破壊し、千年に一度と言われた巨大津波を刻印する上梓だったのだろう。角川「短歌」平成十九年四月号の「火山列島の桜」二十六首で既に、「白鳥はつばさ凍《こご》えてきたるべし。火環島弧の　冷えはてし土」「人ほろび　山河むなしき列島の　のつぺらぼうの　岩に陽はてる」と詠んでいたことに、岡野の予知能力を感じて驚きを禁じ得ない。「火環島弧」が目の前にぐんぐんと迫ってきて、今にも呑み込まれてしまいそうだ。関東大震災の十ヵ月後の大正十三年七月七日に生を享けた岡野弘彦の、本能的な直感が働いたのだろう。霊感の

働いた体験談が思い返される。

東日本大震災ののちに、「美しく愛しき日本」「この列島に生くるほかなし」「誰びとか、民を救はむ」「わが二十の桜」は、総合歌誌に相次いで発表された。詠まずにはいられない止むに止まれぬ思いが、大正生まれの作者を駆り立てたのだろう。「短歌」「短歌研究」「歌壇」「短歌往来」に、五月号から半年間、誌面に毎号発表し続けた八十七歳のエネルギーに驚嘆する。

小題も歌集名も「美しく愛しき日本」と漢字表記であるが、作品自体はひらがなで「美しくかなしき日本」と表され、「悲」「哀」へと広がりがあり、視覚的にもバランスが良い。三句から四句目に畳み掛け、一字空けての結句「雪ふりしきる」は心象風景であると同時に、被災地の実景でもあるのだろう。南北に細長く四季の巡りくるわが国は、いずれの地も魅力に富んでいる。古事記や万葉集、源氏物語などを講じてきた岡野弘彦は、時間を作って日本各地を訪れている。掲出歌には、国土と同胞への深い思いが込められた。

（平田利栄）

ながらへてこの日に逢へり。天皇《すめろぎ》は　ああ　幾たびか　跪《ひざまづ》きます

『美しく愛しき日本』

『美しく愛しき日本』の「美しく愛しき日本」前後半合計百首中の七十五首目。私も八十代後半になるまで生きながらえてこのような日に出逢うことになった。東日本大震災が起きた後、東北の避難所を訪問された天皇ご夫妻は、なんとまあ、何度も何度も被災者のもとに身をお寄せになり、跪いていらっしゃるではないか。お二人の優しさに心打たれるばかりだが、本当にこれでよいのだろうか。

二〇一一年三月十一日に起きた東日本大震災は日本人の人生観や価値観を変えてしまうほど衝撃的な出来事であった。自然災害は避けられないが、東電の原発事故は人災に近く、多くの人々の人生を奪ってしまった。集中には「誰びとか民を救はむ。天皇《すめろぎ》は老いの身ふかく　跪きます」の作もある。天皇・皇后

両陛下が被災地を訪問して膝をつき、被災者に声をかけられたことは奥尻島や神戸などでもあった。しかし岡野はある会の席上で、次のような発言をした。

(大震災を受けて)魂の凝縮した日本の和歌、短歌というものがやっぱり一番表現力を持たなければならない……(古代から昭和までの天皇にはあり得ないあの行為の意味は)日本人全体が考えていかなければならない問題……

(折口信夫会)

この言葉をどう解釈するかは各自の課題だが、その意味は深く重い。

この歌集は前歌集『バグダッド燃ゆ』よりも「慨み《うれた》」の度合いが深化した。戦争による心の「滅び」に加えて大震災という物理的な「滅び」が背景に加わり、慨みの声、祈りの声がより深く刻まれた。

日本人はもつと執ねく怒れとぞ思ひ、八月の庭に立ちゐる

天意より人意この国をほろぼさむ。議事堂はただ　政争の場ぞ

戦争の記憶や大震災被害に口ごもり怒りを露わにしない日本人や、政治家たちが国民不在の政事を行うことに岡野は深く慨嘆する。これから日本はどこに向かおうとしているのか。憂いは尽きない。

(棗　隆)

怒りすらかなしみに似て口ごもる　この国びとの　性《さが》を愛《を》しまむ

『美しく愛しき日本』

東日本大震災のみならず、天災・人災等、いきどおろしい災害に何度も遭遇しながら、言葉荒らげて激しい怒りを表さず秩序と優しさをいつもおもてに表し、他人への気遣いに溢れたこの日本人。その心根を愛したい。と筆者は読んでいる。掲出歌は

耐へしのぶこの国びとのかなしみに　沁みてうれしき　ドナルド・キーン氏

に続く一首である。震災後の日本と日本人への深い想いから日本へ帰化したドナルド・キーン氏の心を詠み込んでいるかとも読める。氏は戦中戦後を通して厳しい環境の中慎ましくしながら心豊かに生き抜く日本人の心に触れ、日本文

学と日本文化の研究をアメリカにいて続けてこられた。そして東日本大震災の災禍の映像に接して、かねてから心に決めていた日本へ、日本人になるために来られた。繰り返される余震に脅えつつも、日本へこころを寄せ続けるキーン氏の言葉に、筆者も大いに力付けられた気がする。

しかし掲出歌の歌意の底に、キーン氏の心以上に岡野自身の悲しみに満ちた、日本と日本人への深い愛情が静かに満ちているように思われてならない。岡野はこの歌集のあとがきに

「この火山列島に住みついた祖先達が幾たびとなく繰り返してきたであろう忍従と祈りの心を、身の情念をふりしぼって歌わなければならぬ運命に、また逢遭したのである。」

と述懐している。歌うものの運命として祈りを込めて歌われる歌の底には、沼空の『倭をぐな』の遺稿Ⅲにある

人間を深く愛する神ありて　もしもの言はゞ、われの如けむ

の心を、歌の上、魂の上に、輝かせ続けねばならない業として背負い続ける、岡野のかなしみを帯びた深いまなざしが見えてならない。

（上村亮二）

身にせまる津波つぶさに告ぐる声　乱れざるまま　をとめかへらず

『美しく愛しき日本』

迫り来る津波に自身の命をも省みず、懸命に人々へ避難を呼びかけ続けた。しかしその若き女性も波に呑まれ、遂に生きて帰ることはなかった。

東北の牡鹿半島沖の地震は、二〇一一年三月十一日午後二時四十六分に発生し、大津波により近年まれにみる惨事を齎し、さらに人々が恐れたのは科学の粋をあつめた原子炉の崩壊であった。いかに地震の多い島国とは言え、余りにも想像を越えた出来事であった。島国ゆえ起こり得るべくしておきた自然災害ではあったが、人災も加わり死者は一五八九四人、行方不明者二五六二人となり、歴史にのこる未曾有の出来事であった。どうにか難を逃れた人々のなかには家屋敷を奪われ、再び故郷に戻ることは諦めなければならなかった。さらに追打ちをかけるようにセシウム残留の危機に晒され、生涯住むことの出来ない荒れた地に変貌したのである。故郷を失うことは人々の深い哀しみであり、厳しい現実でもあった。

すさまじき地震《なゐ》ゆりしのち　みちのくの大海原に　凶《まが》つ浪たつ

『美しく愛しき日本』

この親に過ぎたる娘《こ》よとなげく父、水漬く屍は　月経てかへる

地震《なゐ》ゆりて　里山に咲く木の花の　みなしろじろとなびくさびしさ

とくに南三陸町職員の遠藤未希さんは、先に掲げた歌のとおり身を賭して避難を呼びかけた方である。しかも彼女の遺体が見つかったのは四十三日目の四月二十三日であった。九月には同僚との結婚式の手はずが整っていたのである。また誰よりも娘の花嫁姿を楽しみにしていた父と母、その切なさと哀しみは慮って余りある。後の三首には、亡くなった乙女への深い祈りと、哀悼の意が込められており、これらの作を読むことでわれわれの心も鎮められる思いがする。

（三本松幸紀）

焼け原のはてに　かすかに浮かびゐし、幽鬼のごとき　富士を忘れず

『美しく愛しき日本』

薄明の富士に出逢ったことがある。まだ空が明るくなる前の薄闇の中に、うす白く輪郭を浮きあがらせているその姿は、まるで一つの意志あるもののようで、何も特別なことのない日常が嘘のように思われた。岡野が出逢った富士、それはあの時のあの富士であったに違いない。しかも、特殊な情況下で。

人多く　死に絶えし夜のあかときの　しじまに耐へて　われは彷徨《さすら》ふ

「わが二十の桜」

昨夜《よべ》の桜　花さきみちてありし道。友のむくろを負ひて　わが行く

わが若き二十のいのち生きとげぬ。ひしひしと　思ひせまりくる朝

右出の三首は表題作の前に置かれた作で、富士に出逢った情況がよく見えてこ

よう。
長く日本人の心の象徴であった富士山であるが、岡野作品の中では、富士を詠んだ作は多くない。もう一首印象的な富士の作、

山は裂け　海は逆巻く列島の　空にとどろく富士の凶つ火

「美しく愛しき日本」

火山列島の元凶として、活動の盛んであった頃の富士である。
さて、表題作四句目の幽鬼のごとき富士、であるが、実景であると同時に岡野の心象でもあっただろう。それは、生きとげたという肯定の思いと、死に遅れたという否定の思いを、同時に抱いてしまった岡野の心の二面性を映し出す鏡のような富士であったのではなかろうか。忘れず、と思ったのは、肯定と否定と、そのどちらの思いであったのだろう。いずれにせよ、両方にせよ、岡野に取っては決して忘れることのできない富士の姿であったといえよう。

（桑山則子）

早池峯に雪つむ夜は　沁みておもふ。　柳田國男　折口信夫

『美しく愛しき日本』

早池峯は遠野のはるか北に立つ一九一七メートルの山である。その山に「雪つむ夜」と続けば、縦横の大きな空間が生じる、と同時にその空間は実見の空間でなく、昼間見た経験からの幻視であることが分かり、より一層に空間性を深くしている。又「つむ」の詞から降る雪は荒々しい風に吹かれる肌刺す寒さの雪でなく深々と降り継ぐ雪で、「沁み」にかかって、「沁みておもふ」となっている。実に見事な表現である。その様に「柳田國男　折口信夫」を思うのである。問題はこの柳田國男と折口信夫との一字の間をどう読むかである。「と」として並立に見るか、「そして」として縦属に見るかである。私は前者に非常に近い後者だと考える。そうすると少し下二句が分散的になるが、それを初め

の上二句が造る広い空間性が助け補ってはいる。柳田や折口を知り、民俗学に関心を少しでも持ったものは簡単に分かった積りになってしまうかもしれない。が、私はなぜ折口信夫を岡野弘彦はあえて加えたのか考えてみたい。

この歌は「『遠野物語』抄」の中の一首であり、先ず冒頭に八行の長い詞書がついている。それによると二〇一一年に遠野を訪れ、二〇一二年にこれらの歌は詠まれたことになる。一二年は東日本大震災の翌年に当たる。すると同じ年の冬に作者は訪れた事になるが、三月の震災以前に訪うたのであろう。だから「明治の大津波で妻を亡くした遠野出の男の哀切な咄」を中心に詠んだのであろう。

この抄に次の一首がある。「百年《ももとせ》を過ぎて鮮《あたら》し。師が胸のながき愛憎を　共に秘めきぬ」。百年は柳田の『遠野物語』が出ての百年の詞書に対応するものであるから、ここの師は折口でなく、柳田と言う事になるだろうか。でも、師の師を岡野が師と言うまい。やはり折口である。柳田は折口の学才は認めながらも、方法等を嫌うところがあり、師の愛憎の気持を自分も秘めてきたと言うのである。

（中井昌一）

岡野弘彦歌集解題

第一歌集　冬《ふゆ》の家族《かぞく》

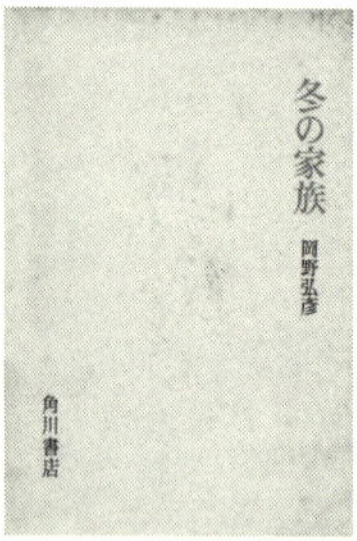

昭和42年10月10日発行（43歳）
角川書店　238ページ
昭和20年、同28年～十年余の
作品　558首
逆年順四章　53連
あとがき（昭和42・６・5）
６ページ
第12回現代歌人協会賞受賞

第二歌集　滄浪歌《さうらうか》

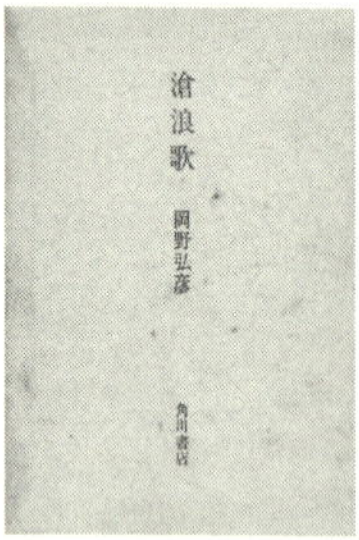

昭和47年９月10日発行（48歳）
角川書店　346ページ
昭和43年～47年の作品
601首
逆年順　44連
前書き、あとがきなし
発表年月記載
第７回迢空賞受賞

第三歌集　海《うみ》のまほろば

昭和53年９月25日発行（54歳）
牧羊社　249ページ
昭和47年９月～およそ五年間の
作品　615首
編年順四章　43連
あとがき（昭和53・７・7）
２ページ
第29回芸術選奨文部大臣賞受賞

第四歌集　天《あめ》の鶴群《たづむら》

昭和62年10月25日発行（63歳）
不識書院　220ページ
昭和53年秋以降、四年間ほどの
作品　551首
編年順四章　58連
あとがき（昭和62・10）
２ページ
第39回読売文学賞受賞

第五歌集　飛《ひ》天《てん》

平成３年３月10日発行（67歳）
不識書院　267ページ
昭和56年４月～59年末の作品
670首
編年順四章　64連
あとがき（平成３・１・25）
２ページ
発行誌・年月一覧

第六歌集　異類界消息《いるいかいしょうそく》

平成２年４月７日発行（66歳）
短歌新聞社　163ページ
昭和59年６月～ほぼ三年間の作品　264首
編年順　32連
略年譜　３ページ
あとがき（日付なし）１ページ

第七歌集　バグダッド燃《も》ゆ

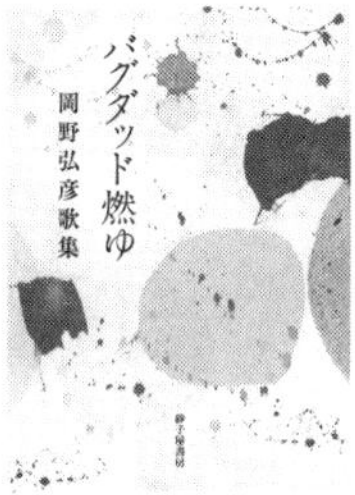

平成18年７月７日発行（82歳）
砂子屋書房　236ページ
平成14年以降の作品　短歌512首　旋頭歌20首　長歌２首
短歌は編年順　41連
あとがき（日付なし）２ページ
初出一覧
第29回現代短歌大賞
第22回詩歌文学館賞受賞

第八歌集　美《うつく》しく愛《かな》しき日本《にほん》

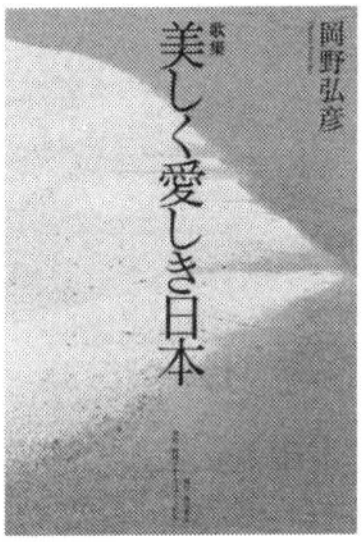

平成24年３月11日発行（88歳）
角川書店　215ページ
平成19年１月～平成24年１月の作品　短歌536首　旋頭歌４首
編年順　34連
あとがき（日付なし）２ページ
初出一覧
第４回日本歌人クラブ大賞受賞

岡野弘彦年譜

大正十三（一九二四）年　〇歳

七月七日、三重県一志郡八幡村（現、美杉村）大宇川上に、父弘賢・母ケイの長男として生まれる。伊勢と大和の国境の山村で、村から当時の道で三キロも離れた、神社と神主の家だけという世襲の社家に、三十五代の神主を継ぐべき長男であった。後に弟一人、妹三人が生まれる。

昭和四（一九二九）年　五歳

夏、石川県羽咋市の気多大社の宮司をしていた伯父の河井吉太郎の家へ父に連れられて初めての長い旅をし、数日を過ごして、毎日能登の海に遊ぶ。後年國學院大學で教えを受けた藤井春洋の生家が、気多大社の社家であった。

昭和六（一九三一）年　七歳

四月、川上尋常小学校に入学。二キロ余の山道を独りで通学。

昭和十（一九三五）年　十一歳

夏、隣村の大先達に導かれて、吉野の修験道の大峯山に登拝登山する。

昭和十二（一九三七）年　十三歳

四月、宇治山田市の神宮皇學館普通科に入学。普通の中学に進みたかったが、病身の父が早く神主にするために神主の養成校へ入れた。全寮制の生活を五年間つづける。

昭和十四（一九三九）年　十五歳

中学三年生の時、上級生から金子薫園編『現代名歌選集』（昭和十年三月刊、新潮社）をもらい、迢空短歌二十五首を暗誦する。

昭和十七年（一九四二）年　十八歳

三月、神宮皇學館普通科卒業。國學院大學予科の

入試には英語があるため、大阪YMCA予備校に通って浪人生活を余儀なくされる。

昭和十八（一九四三）年　十九歳

四月、國學院大學文学部予科に入学。折口信夫教授・武田祐吉教授・金田一京助教授の講義を聴いたが、次第に軍需工場で働く時間がふえる。また、若い藤井春洋教授の作歌と伊勢物語講読の時間が楽しかった。

十月十四日、國學院大學学徒兵壮行会で読みあげられた折口教授の詩「学問の道」（高崎正秀教授代読）に感激する。当時、渋谷駅のホームに貼られた標語に「歩廊に花あれ　衢に和あれ／文学報国会・釋迢空」（全集未収録）を見かけて心おどりをおぼえる。

昭和十九（一九四四）年　二十歳

六月、愛知県豊川海軍工廠鍛造工場に配属され、四十ミリの機関砲を作る。

この年、学友と陸軍特別操縦士官を志願することを話しあい、郷里の役場へ戸籍謄本を申請したところ、父に連絡がゆき、駆けつけた父から一晩徹夜で諫止され、最後には勘当すると言われて、思いとどまる。友人は翌年の四月、沖縄で特攻隊長として壮烈な死を遂げる。

昭和二十（一九四五）年　二十一歳

一月、召集を受けて、大阪府布施市の新設橋部隊に入る。

四月、九十九里防備のため茨城県に移駐。その途中の十三日、東京の第二回大空襲に遭う。巣鴨と大塚間の山手線沿いの土手に咲く満開の桜並木は渦巻く業火に包まれていた。翌朝、数人の兵と残留を命じられ、市民の遺体の処置などの作業に当たる。

八月の敗戦後、復学して折口信夫（釋迢空）の指導する「鳥船社」に加わる。

昭和二十二（一九四七）年　**二十三歳**

二月十一日、折口の誕生日に、品川区大井出石町の家に行き、風呂好きの師のため同級の千勝三喜男と庭木の枝を切ったり、薪を作ったりする。帰り際に短冊をもらう。「けふひと日庭にひびきし斧の音しづかになりて夕べいたりぬ」。

三月初め、訪問した時に初めて口述筆記をしたのが「花幾年」（翌月発表）。

四月二十一日、折口の家に入り、その没年まで生活を共にする。なお、すでに前年の十二月二十三日、手伝いの矢野花子同居。

昭和二十三（一九四八）年　**二十四歳**

三月、國學院大學国文科を卒業。卒業論文は「挽歌に現われた古代信仰の様相」。

そのまま折口の家にとどまる。

四月、國學院大學研究科に入学。

昭和二十五（一九五〇）年　**二十六歳**

二月十九日、初めて出石宅で折口（旧姓、藤井）春洋の霊祭り（五年祭）が行われ、副祭主をつとめる。

十月二十四日〜十一月一日、柳田國男・折口信夫の伊勢・大和・大阪・京都への旅に同行。三十日朝食前に折口の供をして、戦災焼失の折口家の跡・鼬川や鴎橋・菩提寺の願泉寺を訪ねる。三十日午後、折口の指示で郷里の三重に帰省する。

昭和二十六（一九五一）年　**二十七歳**

三月、國學院大學研究科修了。

九月、國學院大學文学部兼任講師となる。源氏物語と作歌・作文を担当。

昭和二十七（一九五二）年　**二十八歳**

七月五日〜九月一日、折口の軽井沢町旧軽井沢の貸別荘滞在に同行。

九月三日〜十六日、折口の箱根山荘「叢隠居」滞在に同行。同月十九日、午前中に帰郷。

十月の一か月間、伝通院前の浪越徳次郎の「日本指圧学院」に通い、会得した指圧を毎晩折口に施す。

十二月二十四日、折口と第一東洋軒でクリスマス・イヴを過ごす。池田弥三郎を招く。

昭和二十八（一九五三）年　二十九歳

一月四日、病後の折口の初めての遠出に同行。柏尾・舞岡村・丘の上の日ぎり地蔵を経て永谷まで歩き、バスで桜木町に出て、中華街で夕食をとる。

同月十三日〜二十一日、折口と伊豆古奈の石橋旅館に宿泊し、蓮台寺・今井浜で遊ぶのに、同行。

その十三日から「自歌自註」の口述筆記を始める。以後、しばしば鎌倉・横浜等に日帰りで出かけ、旅館の一室を借りて口述筆記を進める。

三月十八日から、折口に同行し叢隠居に滞在。月末には「海やまのあひだ」自註が終り、「春のことぶれ」自註に移る。

四月七日、伊豆長岡の古奈温泉石橋旅館に鳥船社同人と一泊旅行。後、折口と川奈に廻る。

同月十五日頃・十九日頃、折口が横浜の外人墓地を散策して短歌「孃子塋」を詠むのに同行。

同月二十七日、折口信夫に連れられ、伊馬春部・池田弥三郎・戸板康二と共に川奈ホテルに宿泊。夕食後ふいに胸底から生々しい感情がつきあげ、「若き中隊長」一連の歌ができた。歌を作るこの興奮はしばらく続いた。翌日、折口の修善寺行きに岡野のみ同行。

七月四日、折口に同道し、角川源義の自動車で箱根山荘「叢隠居」へ。八月二十八日まで滞在。同月、斎藤茂吉追悼原稿「礼儀深さ」の口述筆記をする。連日雨降り、折口の健康すぐれず。八月、折口は今秋執行の三矢重松三十年祭祝詞を起草するも、「自歌自註」の口述を続ける気力なく中断となる。

八月二十九日、折口に同道し、角川源義の迎えの自動車で帰京。

九月三日、午後一時十一分、折口信夫永眠（六十六歳）。その前後から、短歌創作に新しい情熱と意義を感じ、制作に熱中する。

年末、家職の三十五代神主は弟に継がせることを父に願い出、東京にとどまって、『折口信夫全集』編集室主任となる。

昭和二十九（一九五四）年　三十歳

二月十一日、折口博士記念会発足。幹事長、西角井正慶。

四月、本間洋子と結婚、後に二男を儲ける。

十月、『折口信夫全集』（中央公論社）の刊行が始まる。

昭和三十二（一九五七）年　三十三歳

四月、國學院大學文学部専任講師となる。

同月、『折口信夫全集』全三十一巻の刊行を終わる。この編纂・校訂により、國學院大學三矢重松記念賞を受ける。

この年、短歌結社「地中海」（香川進主宰）に入会。

昭和三十六（一九六一）年　三十七歳

四月、國學院大學助教授となり、以後十余年間、学生部に関与することが多い。

十一月、千勝重次と共著『シリーズ近代短歌・人と作品4　釋迢空』（桜楓社）を出版。

昭和三十七（一九六二）年　三十八歳

五月、夕刻より学内学生対象の研究会を開催。毎週火曜日に万葉集研究会、毎週木曜日に文学史研究会（折口信夫全集を読む会。全集第七巻の「日本文学の発生　序説」）の二つを開く。

昭和三十八（一九六三）年　三十九歳

九月二日夜（前夜祭）・三日午前（本祭）、能登羽咋の藤井家（当主藤井巽）における折口信夫十年祭に研究会の学生たちを連れてゆき、帰りに藤井貞文教授ともども琵琶湖北岸の近江万葉旅行（一泊）をする。

昭和三十九年（一九六四）年　四十歳

十二月、第一回万葉旅行。二十日夜、夜行列車で飛鳥万葉の旅を四泊五日で行う。以後、毎年この時期におこなう。飛鳥・吉野・当麻寺・二上山・三輪および東や西の山辺の道、また近江・奈良・伊勢・志摩・熊野・高野山・比叡山・壺阪・室生寺・長谷寺・柳生など。

昭和四十（一九六五）年　四十一歳

四月、折口博士記念会（國學院大學内に間借）を解消し、國學院大學文学部の研究施設として、折口博士記念古代研究所が発足。折口博士記念文庫敷設。所長、西角井正慶。主事、岡野弘彦。

十月、「怒りと歌――記紀歌謡における鎮魂歌の一面――」を「古典の窓」第七号（角川書店）に発表。

昭和四十二（一九六七）年　四十三歳

十月、第一歌集『冬の家族』（角川書店）を出版。

翌年、第十二回現代歌人協会賞を受賞。

昭和四十三（一九六八）年　四十四歳

十二月、『折口信夫回想』（池田弥三郎、加藤守雄と共著・中央公論社）を出版。

昭和四十四（一九六九）年　四十五歳

四月、國學院大學教授。東京都立大学非常勤講師。

六月、『折口信夫の晩年』（中央公論社）を出版。

十一月、合同歌集『現代』（短歌新聞社）に「漂へる時」百五十二首で参加。他に大西民子、河野愛子、清水房雄、長沢一作、山崎一郎、山崎方代。

昭和四十七（一九七二）年　四十八歳

九月、第二歌集『滄浪歌』（角川書店）を出版。

翌年、第七回迢空賞を受賞。

昭和四十八（一九七三）年　四十九歳

三月二十四日〜三十一日、釋迢空「月しろの旗」の旅をする。

六月、「『月しろの旗』論」を「現代詩手帖」六月臨時増刊、折口信夫・釋迢空特集号（思潮社）に発表。

十一月、「『倭をぐな以後』の世界」を「短歌」十一月臨時増刊、迢空・折口信夫没後二十年記念号（角川書店）に発表。

「地中海」を退会し、十二月短歌誌「人」を創刊主宰。

昭和四十九（一九七四）年　**五十歳**

四月、学生部長となる。

昭和五十（一九七五）年　**五十一歳**

四月、文学部長となる。（昭和五十二年度迄）

昭和五十三（一九七八）年　**五十四歳**

四月より一年間、国内研究員となり、古代歌謡および万葉集の風土の研究に当る。

八月、信州日開村新野の盆踊りを見る。また下北半島を歩き、恐山に至る。

同月、中公文庫版・折口春洋『鵠が音』の解説を執筆。

九月、第三歌集『海のまほろば』（牧羊社）を出版。翌年、芸術選奨文部大臣賞を受ける。

十二月、「旅の歌びと—釋迢空の歌と時代」を『わが愛する歌人』第二集（有斐閣新書）に執筆。

この年より静岡県伊東市八幡野に住む。

昭和五十四（一九七九）年　**五十五歳**

一月、宮中歌会始の選者となる。（平成十九年迄）

四月、吉野へ花見を兼ねて行き、山本健吉・前登志夫と座談会（雑誌「短歌」七月号掲載）

十月、ギャラリー四季において、「岡野弘彦短歌展」を開く。

昭和五十五（一九八〇）年　**五十六歳**

十一月、鹿児島に旅し、出水市の鶴を見る。

昭和五十六（一九八一）年　五十七歳

四月よりＮＨＫテレビ「短歌入門」講師となる（五十八年に至る）。

十月、随筆『花幾年』（牧羊社）を出版。

昭和五十七（一九八二）年　五十八歳

九月、中国シルクロードを敦煌・トルファンまで旅行。

昭和五十八（一九八三）年　五十九歳

三月三日、父弘賢九十歳で死去。

四月、折口博士古代研究所所長となる。

五月、木俣修の急逝により宮中の「和歌御用掛」となる（平成十九年迄）。宮中の毎月の月次の歌会があり、その歌題作りや和歌の相談など多忙。

九月、硫黄島における鎮魂碑除幕式に参列。

昭和五十九（一九八四）年　六十歳

九月、シルクロードを、敦煌・トルファン・ウルムチまで旅行。

昭和六十（一九八五）年　六十一歳

一月、『神がみの座』（淡交社）を出版。

三月、韓国旅行。

昭和六十一（一九八六）年　六十二歳

三月、再び韓国に行く。

四月、放送大学「作歌・作句」講座の講師となる（平成二年に至る）。再度、ＮＨＫテレビ「短歌入門」講師（六十二年に至る）。

七月〜八月、スイス、ドイツに旅行。

十一月、『短歌に親しむ』（ＮＨＫ出版）、十二月『祈りと悲しみの歌』（講談社）、『万葉の歌―大和南西部』（保育社）を出版。

昭和六十二（一九八七）年　六十三歳

八月、西ドイツに旅行。

十月、第四歌集『天の鶴群』（不識書院）を出版。

翌年、読売文学賞を受賞。

同月、『釋迢空短歌綜集』（河出書房新社）を編む。

昭和六十三（一九八八）年　六十四歳

四月、短歌の業績により、紫綬褒章を受ける。

八月、西ドイツ、イギリスに旅行。

昭和六十四・平成元（一九八九）年　六十五歳

一月、随筆『華の記憶』（淡交社）を出版。

三月、インドに旅行。

四月～六月、NHK市民講座「日本人のうたと死生観」の講師。

平成二（一九九〇）年　六十六歳

四月、第六歌集『異類界消息』（短歌新聞社）を出版。

十月、『歌を恋ふる歌』（中央公論社）を出版。

平成三（一九九一）年　六十七歳

三月、第五歌集『飛天』（不識書院）を出版。

三月末をもって、國學院大學教授を辞す。最終講義は「國學院大學の学問と折口信夫」。

四月より、大学院兼任講師として「日本文学論」を講義。

五月、國學院大學名誉教授の称号を贈られる。

十一月、講談社学術文庫版・折口信夫『日本芸能史六講』の解説を執筆。

十二月、朝日文庫版・加藤守雄『わが師　折口信夫』の巻末エッセイ「遺されし者の声」を執筆。

平成四（一九九二）年　六十八歳

七月、季刊『現代短歌雁23』第六巻第三号「岡野弘彦特集」（雁書館）に「汝が魂は鎮まるや」連作二十首を発表。

平成五（一九九三）年　六十九歳

十二月、「人」短歌会を解散する。

平成六（一九九四）年　七十歳

十月、折口信夫全集刊行会が設立され、代表となる。

十一月、中央文庫版『花幾年』刊行。

平成七（一九九五）年　七十一歳

二月、新編『折口信夫全集』全三十七巻、別巻四巻（中央公論社・後、新社）の刊行開始。（毎月一冊刊行）

三月、國學院大學栃木短期大学学長となる。（平成十九年まで十二年間）

平成八（一九九六）年　七十二歳

十月、『折口信夫の記』（中央公論社）を出版。

平成十（一九九八）年　七十四歳

三月、歌人としての業績により勲三等瑞宝章を受ける。

六月、日本芸術院賞を受ける。

十二月、日本芸術院会員となる。

平成十一（一九九九）年　七十五歳

五月、個人雑誌「うたげの座」を発行。十三年、九号まで発行した。

平成十二（二〇〇〇）年　七十六歳

九月、『折口信夫伝―その思想と学問―』（中央公論新社）を出版。

平成十四（二〇〇二）年　七十八歳

四月、新編『折口信夫全集』第四十回配本を刊行。別巻四折口信夫写真集は未刊。

平成十六（二〇〇四）年　八十歳

七月、『古事記が語る原風景』（渡部昇一他と共著、ＰＨＰエディターズ・グループ）を出版。

平成十七（二〇〇五）年　八十一歳

十一月、対談集『祖国』（福島泰樹と共著、鳥影社）を出版。

平成十八（二〇〇六）年　八十二歳

七月、第七歌集『バクダッド燃ゆ』（砂子屋書房）を出版。（第二十九回現代短歌大賞受賞）

十二月、一時品川区に住んでいたが、伊豆八幡野に戻る。

平成十九（二〇〇七）年　八十三歳

十月、「折口信夫会」を結成し、代表として「挨拶と基調のこと」を話す。以後、平成二十三年二月迄に、十一回開き、その五月、折口信夫会会誌「折口信夫研究」創刊号を出し、「創刊によせて―折口信夫の学統」を掲載する。後に休会。

平成二十（二〇〇八）年　**八十四歳**

三月、『恋の王朝絵巻　伊勢物語』（淡交社）を出版。

平成二十四（二〇一二）年　**八十八歳**

三月、第八歌集『美しく愛しき日本』（角川書店）を出版。同書により第四回日本歌人クラブ大賞を受賞。

五月、小島ゆかりのインタビュー連載「歌は世につれ情《よ》は歌につれ」（「歌壇」五月号～翌年六月号迄）

平成二十五（二〇一三）年　**八十九歳**

十一月、文化功労者に叙せられる。

平成二十七（二〇一五）年　**九十一歳**

二月、隔月刊雑誌「こころ」（平凡社）二十三号より「最後の弟子が語る折口信夫」連載中。

この年、鹿児島を二度訪れ、知覧やその周辺の特攻隊が発って行った跡を辿る。

平成二十九（二〇一七）年　**九十三歳**

十一月十七日八時三十分、妻洋子死去（九十歳）。

（長谷川政春　編）

あとがき

ことの始まりは、小宮山久子の危機感であった。

「岡野弘彦の歌には熱心な読者もいるが、あまり良く理解されていない部分があり、このままではまずいのではないか」と。小宮山の住んでいる長野県内の歌人仲間と交流する中で、常々感じてきたことなのであろう。

そこで、彼女は「滄」81号（二〇一四年五月）の創立二十周年記念特集号で、「岡野弘彦を読む」（1）として第一歌集『冬の家族』を詳細に読んだ論を書き、岡野の既刊歌集八冊を順に読む共同研究を提案した。

「滄」の会員ばかりではなく、旧「人」のメンバーにも呼び掛け十八～二十名が参加した。まず当該の歌集を読んで各自二十首を選んだものを提出し、全員の二十首選を集計し、その中から票の多く入った歌を中心に、その歌集の二十首選として、歌集論を書き、「滄」に順次掲載していった。各回の執筆メンバー四人の一人は会員以外から、ゲストとして順に加わってもらった。その取り纏めも小宮山が責任者として果たした。

この共同研究が終わる頃、折角ここまで歌を皆で読み合ったのだから、百首の鑑賞本を作っても良いのではないかと、私は思い立った。既に既刊歌集の一六〇首選は出来ている。基礎資料は出来ているのである。そこを百首に絞り、一首一首、解説と鑑賞を付し、一冊の本とする。

編集会議に提案し、会議を重ねて本を出すことが決まり、今まで共同研究に参加した「滄」以外の方々にも執筆を呼び掛けた。

快く賛同し、執筆メンバーに加わってくださったのは次の方々である。

秋山佐和子「玉ゆら」、上條雅通「笛」、上村亮二「華」、工藤こずゑ、三本松幸紀「はるにれ」、森山良太「華」の諸氏。

「滄」の会員からは

中井昌一、小宮山久子、桑山則子、牛山ゆう子、岸上展、平田利栄、棗隆、忍足ユミ、セランド修子、小長井涼、沢口芙美が、執筆した。

また、岡野弘彦年譜は長谷川政春氏（清泉女子大学名誉教授）に書いていただいた。

皆様のご協力によって、こうして内容のある良き本が出来たことが有り難く、心より感謝申し上げます。

私共のこの努力に応じて、写真の提供を快く承知して下さった岡野弘彦先生に心よりお礼申し上げます。

本阿弥書店奥田洋子氏、担当の佐藤碧氏、装幀の片岡忠彦氏、美しい本に仕上げて下さって有難うございました。

平成三十年二月二十日

『岡野弘彦百首』刊行委員会　代表　沢口芙美

岡《おか》野《の》弘彦《ひろひこ》百首《ひやくしゅ》

2018年５月28日　第二刷

定　価　本体2,300円（税別）
編著者　沢口　芙美
発行者　奥田　洋子
発行所　本《ほん》阿《あ》弥《み》書店

東京都千代田区神田猿楽町２－１－８　三恵ビル　〒101－0064
電話　03－3294－7068（代）　　振替　00100－5－164430

印刷・製本　日本ハイコム㈱

ISBN978-4-7768-1359-0（3075）C0092　Printed in Japan